中国花钱与传统文化

方称宇 著

商务印书馆
2008年·北京

图书在版编目（CIP）数据

中国花钱与传统文化：汉英对照/方称宇著. —北京：商务印书馆，2008
ISBN 978-7-100-05832-2
Ⅰ. 中… Ⅱ. 方… Ⅲ. 古钱（考古）-鉴赏-中国-汉、英 Ⅳ. K875.6
中国版本图书馆CIP数据核字(2008)第052677号

中 国 花 钱 与 传 统 文 化
方称宇 著

商 务 印 书 馆 出 版
（北京王府井大街36号 邮政编码100710）
商 务 印 书 馆 发 行
南 京 爱 德 印 刷 有 限 公 司 印 刷
ISBN 978-7-100-05832-2

2008年6月第1版　　开本 850×1168 1/16
2008年6月南京第1次印刷　　印张 26
印数 4 000册

定价：300.00元

Chinese Charms:
Art, Religion and Folk Belief

Alex Chengyu Fang

THE COMMERCIAL PRESS
2008 • BEIJING

This book was published in conjunction with the exhibition "Chinese Numismatic Charms: Religion, Art and Folk Belief", organised by The Chinese Civilisation Centre, City University of Hong Kong, and presented in the CityU Art Gallery from 27 June to 17 August 2008.

This book was supported by

Department of Chinese, Translation and Linguistics, City University of Hong Kong

Chinese Civilisation Centre, City University of Hong Kong

School of Creative Media, City University of Hong Kong

The British Library

First edition

Published in 2008 by The Commercial Press, Beijing, People's Republic of China

ISBN 978-7-100-05832-2

香港城市大学中国文化中心于二〇〇八年六月二十七日至八月十七日在大学艺廊举办《民俗钱币与传统文化展》。本书与展览同期推出。

本书由以下单位赞助和支持：

香港城市大学中文、翻译及语言学系
香港城市大学中国文化中心
香港城市大学创意媒体学院
英国大英图书馆

For Lan and Elizabeth

序

郑培凯

中国古代钱币，有各种各样的形制，有贝状的，有铲状的，有刀状的，但是通行最久、流传最广的则是圜状的钱币。海贝作为交换货品的钱币使用，源自远古，商代的墓葬与遗址中时有出土。古文字的“货”字从贝，不仅指的是货品，也指的是可以进行物品交易的代替媒介，是反映货品价值的货币。在春秋战国时期，铜钱开始普遍使用，中原三晋地区主要用铲状的布钱。铲状布钱的来源，是铲地用的农具“镈”，“布”字则是“镈”字的同音假借字。《辞海》解释布币的发展，简明扼要：“初期布币还保留镈的形状：首空可以纳柄，形如今之铲，故又称‘铲币’或‘空首布’。”在齐国和燕赵地区，流行的是刀币，显然是由实用的刀具转为交换的货币。至于圜状的钱币，有学者（如千家驹）指出，是从纺轮演变而来，因此体圆有孔，先是圆孔，后来变成方孔，或许与战国时期逐渐流行的“天圆地方”观念有关。

秦始皇统一中国，也统一了钱币，废除贝币、布币、刀币，发行方孔圆形的半两钱。中国钱币形制在后代的发展，除了王莽时期心血来潮式的好古改

法华经普门品变相图。敦煌绢绘。五代，后晋天福四年（公元939年）。大英图书馆藏。
Avalokitesvara as Saviour from Perils. 939 AD.

(1919-0101-0.2).

Preface

Pei-kai Cheng

Coins in ancient China existed in various shapes and forms – some resembling seashells, spades, and knives – but those in the widest circulation for most of history were the round-shaped coins. From time immemorial, seashells had been used as tokens exchangeable for goods, as evidenced by specimens at times unearthed from tombs and ruins of the Shang Dynasty (16th–11th century BC). The Chinese character 货 (*huo*) for “goods” was created on the radical of 贝 (*bei*) for “seashell”, and in ancient usage 货 did signify not only goods but also the medium in trading, i.e., the currency representing the worth of goods. During the Spring and Autumn Period (770–476 BC) and the Warring States Period (475–221 BC), bronze coins came into common use, with the spade-shaped ones found mostly in what is now central China. Their name, 布 (*bu*), is a near-homonym of 镈 (*bo*) denoting spade, a farm tool. *Ci hai* (辞海), the standard Chinese encyclopaedic dictionary, has this succinct entry: “The earliest bu-coin was spade-shaped, with a hollow head capable of receiving a handle, resembling a spade of today, hence its name ‘spade-coin’ or ‘hollow-head bu’.” Meanwhile, in east and north China, knife-shaped coins were in circulation, obviously derived from the knife, a serviceable tool. The round-shaped coins, as some authors (e.g., Qian Jiaju 千家驹) pointed out, evolved from the spinning wheel, hence the small disc with a hole in the centre. The hole was round at first, but mutated into a square one later on, possibly reflecting the concept of “the round sky above the square earth” that grew popular during the

制，短期间实行“宝货制”，分金银铜龟贝五物二十八品，恢复贝币、布币、刀币，制造了混乱之外，一直都沿用方孔圆钱。

钱币的铸制与使用，本来是为了顺应社会的实际需要，以利货品流通与交换，作为价值的媒介与替代。然而，铸造的精致与设计的美观，不但产生了审美的效应，还很容易引发了文化象征的联想，因此而有纪念币、吉祥钱、厌胜钱的出现。这类“非实用性”的钱币，也就成了有钱币之形而无钱币之实的象征饰物，为人们带来口彩与精神满足，甚而成为潜伏在心底、蠢蠢欲动的无名欲望与恐惧的镇宅至宝。这类钱币在中国统称“花钱”，又有“吉祥钱”、“厌胜钱”等名目，大概始自谶纬流行的汉代才大量出现。其实，王莽改朝换代，以“新”作为朝代的名称，又铸造各式各样的新钱币，都是为了讨个吉利，希望国运昌隆。

宋代王黼等的《重修宣和博古图》卷二十七，收了五枚汉代长方形厌胜钱，钱上有龙有马并列。书中做了一些探讨，指出唐朝人就开始收藏，而且多为各种图像的圜钱，名曰厌胜钱。还由龙马图像而引申出钱币的意义：“且钱谓之泉布，则取其流行无穷之义。而此着龙马者，盖行天莫如龙，行地莫如马，亦泉布流行之谓欤？”汉代的志怪书《洞冥记》中有一则故事，说有三只青色的野鸭飞入望月台，到晚上变成三个小童，“皆着青绮文襦，各握鲸文大钱五枚，置帝几前，身止影动，因名轻影钱。”这个“轻影钱”显然没有货币的作用，也没有标示价值，而是一种充满神秘意义的象物，可能有魔法的作用。严格说来，这样的钱币不是钱，而是从“钱”所引发的一切美好而有利的联想，可以是富贵，可以是权力的掌握，也可以是美梦成真的契机，是福禄寿的引路明灯。有趣的是，在中国文字使用中，因为好用典故，“青凫”（青

Warring States Period.

The First Emperor (aka Qin Shi-huang), after bringing the whole of China under his rule in 221 BC, unified the monetary system by abolishing the cowries, spade-coins, knife-coins, etc and issuing the Pan Liang (“half-tael”) coins instead. The latter, circular with a square central hole, set the norm for coins used throughout later dynasties. Exceptions occurred for a short time (AD 8 – 23) only, when the ruler’s whimsical reforms involved a short-lived *Bao Huo* (“treasured currency”) System with a baffling array of 28 coin types made of five materials (gold, silver, copper, etc), which saw the spade-coins and knife-coins restored briefly. At first, coins were made to meet a practical need of society, used as a medium in exchanges of goods, i.e., as tokens of the worth of goods. Then, as the nice designs and fine craftsmanship began to appeal to people’s aesthetic instinct, coins came to evoke associations with some cultural concepts. Hence the appearance of commemorative coins, lucky coins, and *yan sheng* coins (i.e., talismanic charms). These “not-for-circulation” small discs, in the form of coins but without the practical functions thereof, were decorative and symbolic objects produced to satisfy people’s emotional needs for auspiciousness. Further still, they became antidotes to some desires and fears lurking and stirring deep in the human heart. In China, such objects are called by the general term “coin-like charms” (花钱) or names like “lucky coins” (吉祥钱) and “talismanic charms” (厌胜钱). Probably they emerged in large quantities during the Han Dynasty (206 BC–AD 220) when mysterious prophecy and divination gained wide acceptance. For a brief interval when the throne was taken by a usurper under his Xin (“New”) Dynasty (AD 8 – 23), coins of various new designs were cast and issued to invite auspiciousness and seek prosperity for his new regime.

Five rectangular charms of the Han Dynasty, featuring dragons alongside horses, are recorded in *Chong xiu xuan he bo gu tu* (重修宣和博古图) of the Song Dynasty (AD 960–1279). The author Wang Fu (王黼) discussed the designs and noted that people in the Tang Dynasty (AD 618–907)

色的野鸭）居然成了钱币的雅称。

南宋时期的洪遵著有《泉志》一书，专门记载研究钱币数据，其中就说到晋代曾出土“百当千千当万”钱。还有石勒所铸的“丰货”钱，“文曰丰货，世人谓之‘富钱’，言收此钱令人丰富。”南北朝时期为求祥瑞而铸造吉祥钱的例子很多，如北齐文宣帝即位，就有广宗郡献祥瑞钱，“文曰归于圣帝”。南齐世祖则得有“太平百岁”大钱，钱上有北斗七星图样，又有人形带剑。《泉志》所载花钱，除了祝愿政权的祥瑞之外，也有些是祝愿生儿育女，旺丁旺财的，如“永安五男”钱、“五男二女”钱、“五男二女、三公九卿”钱。最有意思的是一种针书文的“布泉”钱，“世人谓之男钱，言佩之则生男也”。有些钱的厌胜辟邪意义明显，如一面是“去殃除凶”四字，另一面是“辟兵莫当”；有的是幸福财富都要，一面是“长毋相忘”，另一面是“日入千金”；有“天下太平”钱，背面是五男二女图案的，或是人形舞蹈，或是人形龙形舞蹈的；也有七夕钱，穿左为牛郎，穿右为织女，穿上为花，穿下为草。形形色色，不一为足。《清稗类钞》记光绪时期的钱币收藏家叶奂彬，在北京隆福寺“得小钱三品，一面文曰‘子丑寅卯’，一面文曰‘辰巳午未’，一面文曰‘申酉戌亥’，背皆有属虫，其龙形如犬猴，四足伏地，不作立状，与汉碑画像合，六朝厌胜品也”。

这种花钱的铸造，一直沿袭到后代，宋元明清时期更为兴盛，不止是祝愿朝廷与家族，更加入了佛教与道教的信仰与传说，变得多姿多彩。本书所收花钱，如龟鹤齐寿、龟龄鹤寿、长生不老、福如东海寿比南山、长命富贵、金玉满堂、状元及第、五子登科、平安吉庆、一本万利、天赐金钱等，都是民间口彩俗语，同具吉祥厌胜的作用。有些咒语符箓花钱，则属道教性质，有强

had started collecting such coins, mostly circular ones with various designs, and referring to them as *yan sheng* coins (or talismanic charms). He further drew the message from the design, "Coins are called *quan bu* (泉布, 'fountain circulates') as a metaphor for limitless circulation. The dragons and horses herein are meaningful – none travels in air better than the dragon and none travels on land better than the horse. Isn't this symbolic of the circulation of coins?"

Dong ming ji (洞冥记) of the Han Dynasty, a book of supernatural stories, tells of three green wild ducks which alighted on a platform in the palace. At night, they were transfigured into three little boys "all dressed in green fine silk, each holding five big coins with fish designs. They put [the coins] in front of the low table of the emperor. The bodies were still while the shadows moved. [The coins] were thus named *qing ying qian* ('weightless shadow coins')." Obviously, those coins served no real purpose as money and had no value marked on them. They were symbols of mysterious notions, possibly with magic powers. Technically speaking, such coins are not money, but they could evoke associations with all kinds of good things related to money – wealth, position, or power; or a catalyst for nice dreams to come true, or an easy path to fortune, honour and longevity. Interestingly, given the Chinese literati's love for allusions, *qingfu* (青凫, "green wild ducks") has thus become a refined name for coins.

Hong Zun (洪遵) of the Song Dynasty devoted his *Quan zhi* (泉志, A Record of Coins) to studies of coins. It tells of a coin unearthed in the Jin Dynasty (AD 265–420) inscribed with the phrase *bai dang qian qian dang wan* ("Hundred used as thousand; thousand used as ten thousand"). It also says that, in a northern kingdom then, the founding ruler Shi Le (石勒) had coins cast with the inscription *Feng Huo* (丰货, "bumper goods"), which "people called 'rich coins', saying they make the receivers rich". As the book indicates, the Northern and Southern Dynasties period (AD 420–589) saw many such instances of "lucky coins" made to invite happy omens. In another northern kingdom, when the

烈的厌胜作用。

有人指出，花钱的定义明确，应该不同于吉祥钱或厌胜钱，应该只是指“以金属铸造、以镂空工艺表现吉祥内容、用以佩挂的古钱型饰物”。换句话说，只有镂空花钱才是花钱，有文字的不算。这样的狭义界定，排除一切不符合镂空图案花样的钱币，固然可以自圆其说，但却制造了更多的问题。首先，如何给“非实用性”的钱币一个通称？不准用“花钱”二字，难道要叠床架屋，学那些后现代的盲从追随者，称作“吉祥/厌胜/（镂空）花钱”吗？再者，说花钱需要以“镂空工艺”制成，其实是误导的说法，因为所谓的“镂空工艺”只是铸造工艺使用镂空图案而已，与其他一切钱币的铸造工艺，没有什么不同。再次，说必须“用以佩挂”就更不通了。镂空花钱固然便于佩挂，但是也可以珍藏匣内或作为摆设，并非不佩挂就不是“花钱”了。何况，铸造镂空花钱的本意，是取其图案的美观与吉祥，或取其厌胜的神秘审美联想，不是专门为了佩挂的用途。因此，镂空花钱只是花钱的一种，不能垄断“花钱”这一通称。

方称宇先生收藏花钱多年，颇有珍品，此次愿意公诸同好，将收藏作为展品，让公众都能一瞻究竟，以广见闻，实在是莫大功德。作为这次展览的策划人，我非常高兴能够提供城市大学艺廊作为展览场地，同时配合城市大学中国文化中心十周年活动，作为庆祝的项目之一，也算是充分发挥了花钱吉祥喜庆的作用。

祝愿国泰民安，天下太平，富贵康宁，平安吉庆。

郑培凯
香港城市大学
中国文化中心主任
二〇〇八年三月六日

founding ruler came to the throne, he received from some subjects a “lucky coin” inscribed with *gui yu sheng di* (归于圣帝, “allegiance to the sage-king”). In a southern dynasty, the founding monarch received a big coin inscribed with “Peace for a hundred years”, plus a design featuring the seven North Pole Stars and a human figure bearing a sword. Besides those inviting good omens for kingdoms, *Quan Zhi* has records of charms wishing for fertility and riches for the ordinary family. There were coins inscribed with “Five boys”, “Five boys plus two girls”, and “Five boys plus two girls; many become dukes and ministers”. Most noteworthy were coins inscribed with “布泉” (*bu quan*, “circulating money”) in needle-point seal script (针书文), which “people called ‘boy coins’, as [women who] wore them would give birth to boys”. Some charms carried strong amulet-like messages. One specimen, for instance, had “Warding off disasters and evils” on one side and “Invulnerable to weapons” on the other. Some had wishes for both fortune and wealth, like the piece with “Bear each other long in mind” on one side and “Earn thousand gold daily” on the other. There were coins with “Peace under heaven” on one side and the other side showing five men plus two women, or human figures dancing, or humans and dragons dancing. There was a *Qi Xi* (the seventh night of the seventh lunar month, or the “Chinese Valentine”) coin featuring the cowherd and the weaver-girl on each side of the central hole, with flowers above and grass below the hole. According to *Qing bai lei chao* (清稗类钞, Unofficial Records of the Qing Dynasty), numismatist Ye Huan-bin (叶奂彬) obtained three small coins at a Buddhist temple in Peking, each on one side featuring four characters from the Chinese zodiacal signs and on the other side the corresponding four animals, thus forming a complete set of the twelve signs. Among the animals, the Dragon resembled a dog or monkey with four legs, prostrating on the ground, not standing. This tallied with the images found on stone tablets of the Han Dynasty. So those coins must be talismanic charms of the Six Dynasties (AD 220–589) period, concludes the record.

Charms like these kept rolling out of the mint

down through later centuries, particularly during the Song, Yuan, Ming and Qing Dynasties (AD 960–1911). Over time, well-wishing for royal governments or ordinary families was joined by Buddhist and Taoist beliefs and legends, which lent those coins even richer diversity and significance. Some of the specimens featured in this book bear auspicious phrases believed to have a talismanic power, like "Live as long as the tortoise and the crane", "Live for ever, and get old never", "Fortune as vast as the East Ocean; longevity as great as the South Maintain", "Longevity, wealth, and honour; a hall full of gold and jade", "Come out first in the highest civil examinations", "All five sons succeed in the highest civil examinations", "Peace, joy, and happiness", "Invest one and reap a return of ten thousand", and "Heaven-sent gold coin". Others show magic formulas or spells in Taoist beliefs, purportedly carrying a strong amulet-like force.

It has been suggested that "numismatic charms" (花钱), as a clearly defined category, should exclude auspicious or talismanic charms. "Numismatic charms", it is claimed, should only comprise the "ancient coin-like metal-cast decorative objects, made with openwork craft to convey auspicious messages, meant for wearing or hanging". In other words, only "openwork charms" (镂空花钱) without language characters fit the term "numismatic charms". Such a narrow definition excludes all the coins without openwork designs. Plausible as it sounds, the description would create more problems than it could solve. First, what can be a generic term for all the "not-for-circulation" coins, if not "numismatic charms"? Should we adopt such a cumbersome term like "auspicious/talismanic/(openwork) charms", as would do those ardent disciples of postmodernism? Secondly, the must-be feature of "made with openwork craft" is misleading. In reality, the craft of casting is the same for making all kinds of coins, regardless of whether the products show openwork designs or not. And then, the required purpose "for wearing or hanging" is unreasonable. Openwork charms are fit for a gem casket or a display shelf just as well as for human bodies. Moreover, they were originally made for the attractive designs and auspicious messages they convey, or the talismanic power and mysteriously aesthetic associations they conjure up, rather than for the sole purpose of being worn or hung on human bodies. Therefore, although "openwork charms" form a distinct set among the objects called "numismatic charms", the specific items cannot monopolise the generic term.

Having collected and studied Chinese charms for years, Mr Alex Chengyu Fang has built up a wealth of treasured specimens. Now, thanks to his generosity, the collection will be kindly put on display so that the general public can enrich their knowledge by taking a nice and close look at those curios. On my part, as planner of the exhibition, I will be glad to see CityU Gallery serve as the venue of the Chinese charms show and the show, coincident with the 10th anniversary of the Chinese Civilisation Centre, add lustre and merriment to the celebrations. And this, incidentally, will bring into full play the originally intended function of those coins for such a joyous occasion.

Hence, let us wish that Peace be upon the Earth all under Heaven, that Health and Wealth be to all Humans, and that Bliss and Happiness be here and to stay – for ever.

Pei-kai Cheng
Director
Chinese Civilisation Centre
City University of Hong Kong
6 March 2008

Translated by Allen Zhuang

日曜菩薩

Preface

Joe Cribb

序

乔·克里伯

Coin-shaped charms are a remarkable phenomenon in East Asia. They originated in China, but their production and use spread to Korea, Japan, Malaysia and Indonesia. They are an eloquent expression of the spiritual power of money.

This volume provides a visual feast of this phenomenon in China, with the earliest examples dating from the Han period, the second century BC. The latest pieces illustrated here date from the Qing period, down to the opening decade of the twentieth century, but the production of these charms continues into the present day and is still a vibrant part of Chinese culture.

The understanding of the spiritual powers present in pieces of money emerged in China as early as the Warring States period (before the third century BC), when it became a common practice for coins to be put into graves, so that the dead could continue to enjoy their wealth in the after life. Confucius decried this wasteful practice, so imitation coins of clay or stone were buried in the place of the real money. The imitation money was understood to have the same power as its metal counterpart. By the Tang period (seventh to tenth centuries), the

钱形花钱是东亚的一大奇观。它们起源于中国，但是在朝鲜、日本、马来西亚和印度尼西亚均有铸制和使用，绝妙地表现出金钱在精神力量的升华。

此书收录的中国花钱，美不胜举，是一场视觉上的盛宴，上自公元前二世纪的汉代，下至清代和二十世纪初叶均有所收录。直到今天，花钱仍有铸造，仍然是中国文化中充满活力的一个组成部分。

早在公元前三世纪的战国时代，人们就开始感受到金钱的精神力量，开始把铜钱陪葬在坟墓里，让逝者在另一世界中继续享受他们积累的财富。孔夫子对这样的浪费深不以为然并加以摈斥。于是陶钱出现了，石钱也出现了，来替代真钱埋在墓中。人们相信这些陶制或石质钱币和金属铸币一样，具有同等的力量。到了唐代，也就是公元七至十世纪，人们开始制作纸质冥钱，既与逝者一道埋于墓中，也会将其焚烧，随烟散去另一世界。直到二十一世纪的今天，焚烧纸质冥钱这一习俗还在全世界的华人社会中持续着。

在汉代，人们开始制造另外一种仿真铸币，这就是钱形花钱。其中一部分和官铸的外形完全一样，然后有些额外的特征。还有一部分连形状也改变了，原来的钱文也改成了吉祥词语和图案。最早期的花钱表达了拥有者的三大心

日曜菩萨。敦煌绢绘。唐代。大英图书馆藏。
Suryaprabha, Bodhisattva of the Sun. Ink and colours on silk. Tang period. © British Library Board. All rights reserved (1919-0101-0.121).

imitations were being made of paper and as well as being buried with the dead, they were being burned to transfer them into the after life. This practice survives into the twenty first century in Chinese communities around the world as Hell Money.

During the Han period another kind of imitation money began to be made, coin-shaped charms. Some used the exact form of official coins, but with added features, others modified the shape and replaced the original inscriptions with propitious mottoes and pictorial designs. The earliest charms expressed the wishes of their owners for sons who would continue their family line, for wealth or for protection from evil forces. These were made to be worn as personal charms or amulets, but were also occasionally buried in graves, to continue their benefits into the after life.

In later periods, many new types of coin-shaped charm were added, seeking the blessings or protection of many different spiritual forces. The number of designs quickly multiplied to invoke the traditional values of Confucianism, the aspirations of the Daoist faith, the blessings of Buddhism and the protection of a wide range of traditional folk spirits.

The round shape and square hole of the traditional coins of China carries a rich symbolism of the cosmos, the round of heavens holding at its centre the square of the earth. The inscriptions chosen for ancient coins also evoked a larger world than the immediate arena of commercial exchange, such as the inscriptions of the Northern Zhou dynasty coins: *wuxing dabu* "Great coin of the five directions" (AD 574) and *yongtong wanguo* "For everlasting circulation through ten thousand lands" (AD 579). Coins in China came to symbolise a spiritual might far exceeding their transitory financial power. With the added religious mottoes and images, coin-shaped charms enabled their owners to transact with the spirit world and to purchase from gods, spirits, immortals, fairies and Buddhas the blessing and protection described by these designs.

愿：宜子孙、入千金、辟不祥。这些早期花钱或是厌胜用品，或是吉祥用品，它们的制作主要是用来佩戴，但也偶见于墓中，在另一世界继续发挥它们的作用。

在之后的各朝各代中，钱形花钱的种类不断增加，它们崇奉众多的神祇，寻求他们的庇护和祝福。所以，花钱的图案设计迅速增加，不断翻新，但题材主要来自儒家的价值观念、道家的信仰追求、释家的修行超度，外加民间传说中的各种各样的神灵。

中国古钱，外圆内方，深邃地象征着天圆地方这一古老的东方宇宙观。古钱所选用的铭文也颇有深意，力图开启一个比商业贸易所达还要宽广的世界，比如说公元五七四年发行的“五行大布”和公元五七九年发行的“永通万国”等行用钱币。于是，钱币在中国更象征着一种巨大的精神力量，而转瞬即逝的金融力量与之相比，大为逊色。通过各种宗教咒语和神像的使用，钱形花钱使它们的拥有者能够与神灵对话，与众神为伍，从天帝、神祇、仙人、天女还有菩萨那里得到所需求的祝福与庇护。

花钱是中国古代历史的见证，而这本佳作向当今的读者完整地展示了这些历史的见证。作者方称宇在此卷中所选录的花钱，美轮美奂，极具品味，集中反映出花钱的几大主要类别。他展示了花钱的词汇、纹饰和传统艺术，并揭示了它们所表达的趋吉避恶的丰富内涵。这些花钱充分地运用了中国的传统艺术表达方式，比如说蝙蝠代指福、鹿谐音禄、鹤喻长寿、剑以驱邪等等。此书通过对彩图的使用，不仅充分展示出花钱的美丽图案设计，也展示出钱体上悠久岁月所产生的奇妙包浆。方称宇在此书中建立了一个理论体系来研究花钱图案的复杂性，同时也阐述了花钱的断代手段，目的是通过这些手段将花钱的铸造

In this splendid volume Alex Fang has opened up for today's audiences the full range of these remarkable witnesses to China's past. A well-informed selection of pieces of great beauty from his collection has enabled him to show the main themes represented by these charms. He has illustrated the way in which they were ornamented with mottoes and traditional art in the hope of bringing their owners rich benefits and protection. They make plentiful use of China's traditional repertoire of symbols: such as bats to convey blessings, deer to signify wealth, cranes to suggest long life and swords to signal exorcism. By illustrating them in colour, the beauty of the designs is enhanced by the subtle patinas that age has given these objects. As well as providing a framework for understanding the complexities of their designs, Alex Fang has provided an account of their dating, so that pieces of different ages can be distinguished. He has also shown how the tradition of coin-shaped charms has led to the creation of many objects which have lost their coin shape, but retain the purpose, mottoes and imagery of the coin-shaped pieces.

These objects were made to bring blessings and protection to their owners in the past, but can now place in the hand of their present owners a rich encounter with China's past. As the owner of such a magnificent collection, Alex Fang is excellently placed to share that experience with his readers. I congratulate Alex Fang on this important contribution to China's rich cultural heritage. He has already shown his ability to *zhuang yuan ji di*, I wish him *chang ming fu gui*.

Joe Cribb
Keeper of Coins and Medals
British Museum
25 February 2008

年代区分开来。他还进一步说明了主流花钱是如何延伸并影响到外延花钱。这些外延花钱虽然没有钱形，但还保持了花钱的功用、词汇和图案主题。

在古代，花钱这些物件的制作目的是要给持有者带来祝福和庇护。如今，它们则让现在的持有者有了一个充分地追溯中国历史的机会。作为这些绚丽藏品的所有者，方称宇写作此书，与读者分享，是得天独厚的。我在此祝贺方称宇，他的书是对中国丰富的文化遗产的重要贡献。鉴于他早已展示了自己“状元及第”的才能，我在此祝他“长命富贵”。

乔·克里伯
英国大英博物馆
币章部主任
二〇〇八年二月二十五日

大聖毗沙門天王

北方大聖毗沙門天王
主領天下一切雜類鬼
神若能發意求願
悉得稱心虔敬之徒
盡獲福祐弟子歸義
軍節度使特進檢校
太傅譙郡曹元忠
請匠人雕此印板
惟願國安人泰社
稷恒昌道路和平
普天安樂
于時大晉開運四
年丁未歲七月
十五日紀

前言

中国花钱也称厌胜钱，有钱形，但没有法定的流通价值。它们或有吉语，或有吉祥纹饰，或有传说中的神仙人物。它们的一个共同目的就是趋吉辟邪。从历史上来说，汉代就有花钱了，一直鼓铸到清代甚至现在。从门类来说，它们和中国铜镜一样，可以细分为神仙故事、瑞兽与花草、吉祥纹饰、吉语等几大类别。

花钱的传统文化内涵极其丰富，涉及宗教（佛教、道教和儒教）、艺术（书法、绘画、雕塑）和民俗（如星象崇奉）等几大领域。从某种角度来说，它们和欧洲所盛行的宗教币章有着异曲同工的意味。也许正是因为这个原因，十八和十九世纪在中国活动的外国传教士、外交家和海关官员有不少喜欢并收藏这种钱形的物件。他们离开中国时，也随身带上这些花钱，回国继续收藏。不少人将它们捐赠给当地的博物馆或艺术展厅。所以，英国、法国、挪威、美国、俄罗斯等国的主要博物馆均藏有中国花钱，甚至梵蒂冈也收藏了不少。在过去的近二百年里，它们受到广泛而深入的研究，有不少专著发表。

北方大圣毗沙门天王。敦煌彩印。
后晋开运四年，公元947年。大英图书馆藏。
Vaisravana and attendant. Ink and colours on paper. 947 AD. © British Library Board. All rights reserved (1919-0101-0.245).

Foreword

Chinese numismatic charms are objects in the shape of classical coins but without currency. They are largely cast in bronze, with auspicious inscriptions, symbols and images of gods and legendary figures. They serve the function of inviting good fortune and warding off evil spirits. Historically speaking, they date back to the Han Dynasty and continue to be made even today. Typologically speaking, they can be categorised in a similar way as Chinese bronze mirrors, i.e., into gods and legends, auspicious animals and vegetation, auspicious symbols and auspicious inscriptions.

These objects carry a wealth of cultural content that extends into religion (such as Buddhism, Daoism and Confucianism), fine arts (such as calligraphy, painting and sculpture) and folk practices (such as the worshipping of the stars). They represent an exquisite expression that is also echoed in other cultures in the form of, for instance, religious medals commonly found in Europe. Chinese numismatic charms were thus collected and highly prized by foreign missionaries, diplomats and customs officials operating in China in the 18th and 19th centuries. They were brought out of China, kept in private collections and later often donated to major museums and art galleries in Britain, France, the USA, Russia and even the Vatican.

The charms featured in this book represent perhaps the finest private collection outside China. It was built up mainly during my stay in London throughout the 1990s. Apart from those

此书收录花钱二百七十六枚，是我全部集藏中的一小部分。它们大部分为明代以前的铸品，且大多为包浆莹润的传世品，是我上世纪九十年代在伦敦的时候逐渐收集起来的。我一般是通过英国、法国、新加坡等国的钱商或拍卖行购买，也在中国的南京、北京、上海、广州、天津、香港、澳门等地零星购买了一些，还有一部分为家人和朋友所赠送。但是，绝大部分的藏品来自大西洋彼岸的美国。所以，我所收藏的花钱，大多是流传在海外的花钱，而且大多源自名家收藏，比如说哈里斯、阿克斯、曼德尔、古师聂、陈丹尼等。这批藏品是中国境外最好的私人花钱收藏，从它们身上可以看到花钱在国外流传的轨迹，这是写作此书的初衷，也是此书在各种花钱著作中的独特之处。

我想借此机会，向支持我、鼓励我的朋友和家人表示感谢。

首先要提到的，是乔·克里伯先生。他是英国大英博物馆币章部的主任，对我的花钱收藏和研究提供了毫无保留的支持和鼓励，并对我所写的文章初稿提供了宝贵的专家意见。他立足实物、严谨求证的研究态度对我有着深刻的影响。可以说没有他的支持，此书的写作是不可能的。币章部馆员王海岚博士也给予了热心的支持和帮助，并让我先后上手观看了馆藏的全部花钱。此外，英国南部有一个著名的花钱学者，法兰克·特尔克，他的花钱最后捐赠给了大英博物馆。在分门别类纳入馆藏之前，我有机会观摩了这部分赠品，真可谓一大幸事。这些难得的机会对我的花钱研藏极有裨益。

蒂埃里先生是法国国家图书馆东方钱币部的主管，他对我的研藏也给予了极大的帮助。他撰有中国花钱和中国钱币方面的专著，在花钱断代这个方面很有造诣，对我的影响比较大。他刚写完一本有关法国国家图书馆馆藏花钱的专

acquired over the years through coin dealers and auctions in Britain, France, Singapore and Hong Kong, additional pieces were acquired from Nanjing, Beijing, Shanghai, Guangzhou, Tianjing and Shenzhen in China. Some were gifts from friends and family relatives. The bulk of the collection, however, was acquired from the US. Many pieces in the collection, according to documented information, may have originated from the collections of The Nanking Museum (known as the Harris/Akers Nanking Museum collection), E. Mandel, I.S. Koushnir and D. Ching. The total collection therefore is a fair representation of the Chinese charms brought out of their native land by those who took a loving interest in them. This book is therefore unique among those that have already been published in China.

I am deeply indebted to friends and family who have supported and encouraged my collection and study of Chinese charms.

I feel privileged to have become acquainted with Mr Joe Cribb, Keeper of the Coins and Medals Department at the British Museum. His great kindness and unreserved support kept me progressing. His expert opinions and comments on my earlier writing, especially his corpus-based approach to the classification of such objects, were most influential on my research. Without his encouragement and help, this book would not have been possible. I would also like to thank Dr Helen Wang, Curator, for the opportunities to view the entire collection of charms of the British Museum. It was certainly a most pleasant experience to also have viewed the Turk collection before it was merged with the rest at the British Museum.

Mr François Thierry of the French National Library has also kindly given his support in my study of Chinese charms. His expertise in dating these objects has been most impressive and has had great influence on my understanding and vision.

Most memorable were discussions with Mr Tony Merson of Surrey on Chinese coinage in general

著，借此机会遥祝其顺利出版。

我想特别提及我的朋友、英国钱币收藏家托尼·莫森先生。他收藏广泛，精通历史，善于考辨。在多年的交往中，我们所谈涉及中国铸币，特别是花钱的每一个方面。

此书的写作与出版要归功于香港城市大学中国文化中心主任郑培凯教授，没有他的鼓励、支持与资助，此书的写作计划不知要推到什么时候。中心的工作人员，特别是事务主任李桂芳女士，在此书的写作过程中提供了极大的帮助。

我想借此机会感谢香港城市大学中文、翻译及语言学系，特别是系主任卫真道教授和张隆溪讲座教授，他们对此书的写作给予了莫大支持和鼓励。

英国大英图书馆董事会对此书的写作给予了宝贵的支持和帮助，特许使用馆藏敦煌文献的图片。北京大学齐东方教授也准许我使用他著作中的图片一帧。在此特别表示感谢。

南京大学的高小方教授、香港城市大学的倪若诚博士和商务印书馆的钱厚生教授审读过此书初稿并提出了大量修改意见。麦克斯·威利斯先生、魏时煜博士和南京大学出版社的郭欣女士为此书的出版也提供了宝贵的协助。我在此向他们表示感谢。

方称宇
识于香港毕架山下九龙塘寓所
二〇〇八年五月

and numismatic charms in particular.

This book could not have been completed without the more than generous support received from Professor Pei-kai Cheng, director of The Chinese Civilisation Centre, City University of Hong Kong. Ms Winnie Lee of the Centre also provided me with all the necessary support during the writing of this book.

This is an appropriate place to acknowledge the valuable support I received from the Department of Chinese, Translation and Linguistics, City University of Hong Kong, especially Professor Jonathan Webster, head of department, and Professor Longxi Zhang, chair of translation and cross-cultural studies of the department.

I am grateful to The British Library Board, which provided valuable support through its permission for me to use images from the Dunhuang collection of the British Library. Professor Dongfang Qi of Peking University also kindly gave permission to use an image from his book.

Finally, I would like to thank Prof Xiao-fang Gao of Nanjing University, Dr Robert Neather of City University of Hong Kong and Professor Housheng Qian of the Commercial Press for their comments on an earlier draft. Ms Xin Guo of Nanjing University Press, Mr Max Willis and Dr Louisa Wei also provided valuable assistance in the preparation of the book.

A.C.F.
Kowloon Tong, Hong Kong
May 2008

引路菩

引路菩萨。敦煌绢绘。唐代。大英图书馆藏。
Bodhisattva as a Guide of Souls. Colours on silk. Tang period. (1919-0101-0.47).

目录
Contents

中国花钱概述

An Introduction to Chinese Numismatic Charms

千手千眼观世音菩萨像。
敦煌彩绘。五代，公元十世纪。大英图书馆藏。
Thousand-armed, Thousand-eyed Avalokitesvara. Colour on paper. Five Dynasties, 10th century AD. (1919-0101-0.167).

一、花钱的基本要素及含义

图一

图二

花钱也称厌胜钱（或写作压胜钱）、福钱和吉祥钱，也称玩钱或杂钱，学界称为民俗钱。从传统意义上来说，它们是古钱学的一个分支，与行用钱有着密切的联系。最起码在宋代，古钱谱就开始收录花钱了，但是直到现在，到底什么是花钱还是常有争论。我认为，花钱的基本要素，须从形制、材料和功用这三个方面来考虑。在形制方面，它们多为方孔圆钱，或圆孔圆钱，尚有一部分为王莽时期的布币形状；在铸造工艺方面，它们多为母钱印范浇铸，早期品类为范铸，一些近现代花钱则为机器压制，也有手工打制或雕凿而成的花钱。在材料方面，它们与行用钱一样，多为黄铜和青铜铸就，金银铁锡铸品也时时可见。在功用方面，花钱不是行用钱，没有法定的流通交换价值；它们的主要功用，是通过丰富而多彩的文饰，或吉祥用语，或图案，或神怪，来祈求吉祥和驱避邪病。所以，概括来说，我认为花钱有三大要素：以钱形为主，以金属铸制，以吉祥厌胜为目的。当然，在实际收藏中，有不少泉品在这个范围之外：它们或为方形，或为料制，或用于游戏。关于这个问题，我在下面有关分类一节中将有所涉及。从我们对花钱的欣赏和认知角度来看，花钱实际上超出了古钱学的范畴，广泛地涉及哲学、宗教、民间风俗、历代美术等领域。正因为此，前贤马定祥先生曾明确提出花钱当以文物视之这一观点。所以，从它们所蕴含的文化内容来看，说花钱出自古钱而胜似古钱，是恰如其分的。

在表现手法方面，页侧所列三枚花钱是比较有代表性的：从只有文字没有图案（图一），到一面为文字一面为图案（图二），最后到两面皆为图案（图三）。

从含义来说，图一（No 35）是对财富和长寿之向往的直白，面背真书“长命富贵”“金玉满堂”八字，钱文隐起，书体周正，既有颜真卿的筋骨，也有赵孟頫的温软，与元代周伯琦所书“至正之宝”钱同脉，所以断为元代铸品。老生坑，通体枣皮红，铜色泛金，再加几点翠绿，十分美观。

图二（No 37）这枚花钱的意义表达较为复杂一些：面文篆书“金玉满堂”，背双龙，挂耳为双雀，地章则为谷纹。此钱既表达了对财富的追求（金玉和谷），也通过双龙和双雀来表达了对和谐与

美满的希冀。同时，也希求通过龙的九九大阳之气，来镇邪驱恶，从而得到庇护。此钱品好广穿，通体黑漆古，露铜处泛金，面文以唐代盛行的花篆书就，上海郭若愚先生据此认为是唐铸。观其气息和形制，我认为可能还是将大部分定为五代至宋较为稳妥，一小部分要更早，年代可以到唐。金玉满堂背双龙钱并非十分少见，乾隆年间，高宗皇帝曾命人将其收藏的古钱进行整理，其中便收有一枚（见梁诗正等所修撰的《钦定钱录》卷十四）。中国各大钱币网站（如古泉园地、开元泉社、义和泉苑和复兴致远）上也时有出现，但有挂耳者则实为罕见，有可能为早期品。

图三

图三（No 132）又有所不同，它没有文字，所表达的意义更为隐秘：在钱的正面，穿上为流云托月，穿下为花枝，穿左立一妇人，穿右为几上焚香；钱背为婴戏图，有五男二女共七人。综合起来看，此钱是古时妇女拜月乞巧这一风俗的直接反映，表达了多子多孙、子嗣永传这一主题思想。此钱从形制来看，有宋钱特征，目前一般认为宋铸。鉴于台北故宫博物院藏有一面明代婴戏铜镜，构图与此钱的背图一致，这枚钱最晚可断为明代铸品。

二、花钱的变体与丰富多彩的表达

花钱不仅有丰富多彩的内容，也有变异与美观的形制和巧妙的表达手法，比如上面所谈的图三就是通过人、月、香和花来象征性地表达出乞子这一传统风俗。图四（No 238）也是一个很好的例子。首先，它摆脱了方孔或圆孔圆钱的常规，外缘为美制八边形，内穿则为六边形，十分悦目。

图四

此钱没有文字，而是通过艺术图案来表达其丰富的吉祥思想。正面图案有三个组成部分：鱼龙跃水而出、一人执笏而立、彩云托日，生动地表现出状元及第、指日高升这一传统愿望。背面有四样物件：上磬，下钱，左笔，右瓶戟，以谐音方式，表达了“必（笔）定平（瓶）安吉（戟）庆（磬）富贵（钱）”这一口彩。另外，此钱的八边形外缘，隐含四平八稳的意思；而六边形的内缘，则呈龟形，寓意长寿。事实上，吉语和谐音表意的图案是中国吉祥钱的主要表现方式。随着时间的推移，不少图案的实际意义已经失传，亟待花钱研藏者的大力发掘。

花钱中有一个形制特殊的种类，通常称为镂空钱，也称“通花钱”或“玲珑钱”。它们面背剔透，

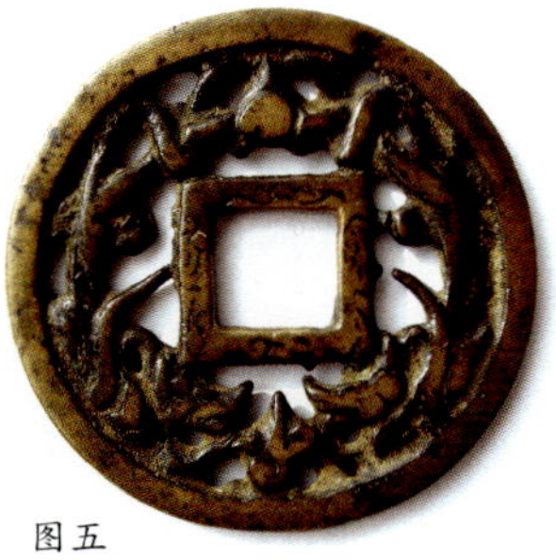
图五

图六

图七

图八

通过龙、凤、鱼、鹿等吉祥鸟兽来体现和谐与富裕。兹列数品为例。

双龙是镂空钱中最为常见的题材，通常为双龙追尾。图五（No 247）为双龙聚首于穿下，尾部上扬，聚于穿上；方穿上下各有火珠一颗。此钱铸工精湛，钱体熟润，内缘雕有纹饰，堪称镂空珍品。

双凤这一主题在镂空钱中也比较常见，一般表现为双凤追尾而舞。图六（No 248）这品，双凤迎风，舞于瑞云之中，十分祥和，令人不禁想起宋徽宗所作的《瑞鹤图》，他在画上的题跋中说：

> “政和壬辰，上元之次夕，忽有祥云拂尘，低映端门。众皆仰面视之。倏有群鹤飞鸣于空中。仍有二鹤，对止于鸱尾之端，颇甚闲适。余皆翱翔，如应奏节。往来都民，无不稽首瞻望，欢异久之，经时不散。逶迤归飞，西北隅散。感兹祥瑞，故作诗以记其实。”

此钱有版式数种，出自云南大理，刻画细致，不可多得。关于此钱的断代，目前分歧比较大，而我认为是宋代的铸品；此钱另有稍小但稍厚的版，可以断为元铸。王锡棨先生著有《泉币汇考》，其中就镂空钱曾言：“今玩其制，其古雅斑驳之气，非唐宋以后物，收藏家万勿忽略也。”天津邱思达先生认为此话可信。（见《玲珑剔透镂空钱》一文，载于《收藏》第57期。）

鱼是富裕的象征。图七（No 273）上有一鱼一人，既表现吉祥富裕，也表示鱼跃龙门，象征着仕途高升。此钱为镂空中较为少见的一种，品相好的更少。

前面谈到镂空钱以图案为主，图八（No 272）可能是镂空中的一个例外，因为它不仅有图案，还有文字。该钱的主体构图为左右双鹿，上下双钱。鹿谐音“禄”，钱寓财富，其吉祥含义是不言而喻的。但好像意犹未尽，图八的双钱上还刻有铭文，上曰“加官进禄”“天下太平”，下曰“金玉满堂”“长命富贵”。此钱为宋代铸品，少见。

三、花钱的起源

花钱起源于何时这一问题，众说纷纭。就常理而言，说花钱是随着圆钱的诞生而出现，并非十分令人诧异。目前的保守说法是，花钱在汉代就已经大量出现了。此时的花钱有两个主要类别：一是以五铢钱为本的吉语钱，既有钱文，也有“君宜高官”等吉语；二是佩钱类，以钱形为主体，上有挂耳，下有饰环，如图九和图十。图九（No 222）是较为常见的汉代佩钱，中间为方孔圆钱，上有汉篆八字，面背右旋读，钱文为“除凶去央”和“辟兵莫当”，从一定程度上反映出汉代末年的动乱。此钱上下均有挂环，所以很有可能是当时佩饰的一部分；也有些学者认为是汉代用的衣扣。另一种较为常见，形制相同，钱文为“日进斗金”“常毋相忘”。

图九

图十（No 223）纹饰较为华丽：主体亦为方孔圆钱，面背对读“宜子保孙”“予天毋极”，篆文极有韵味。此钱上下均有饰物。钱上饰一横鱼，寓意富裕有余，鱼上有挂耳。钱下则饰有带钩等物，寓意代代富贵。此钱为传世品，是汉代花钱中的精品，颇为难得。大英博物馆的钱币厅也陈列有一枚，黑漆古，品相甚佳。

图十

四、花钱的断代

中国古钱大多有年号，而且史籍记载比较详尽、可靠，比如图十一中的大观通宝，其年代无可争议地指向宋代的大观年间。所以在行用钱的收藏中，断代不成问题，真伪是一个主要问题。

图十一

花钱大为不同，除了清代的一些年号吉语钱外，一般没有明确的纪年信息，所以断代是一个主要问题，是花钱研藏的一个瓶颈。一般而言，花钱的断代有两个着眼点：一是钱体本身所反馈的铸币信息，二是钱的内容所表现出的人文信息。铸币信息包括三个方面，即铜质、形制和坑色或包浆。在这一点上，上海孙仲汇先生在其所著的《古钱》一书中，有十分精辟的论述（参见《古钱鉴定小谈》一章，上海古籍出版社，一九九〇年第一版）。法国国家图书馆的蒂埃里（François Thierry）先生，对此也很有见地，曾有专门论述（见《中越花钱》Amulettes de Chine et du Viet-Nam一书，一九八七年第一版）。所谓的人文信息，包括文字、纹饰、造像及书法等方面，涉及文学、历史、宗教、美术、历代民俗等众多领域。正如

一位资深藏者所说，“玩花钱就是玩文化”。从这个角度来看，将花钱以文物视之，是十分有道理的一个说法，不仅点明了行用钱与花钱收藏之不同，也点明了花钱入门与深造的途径。另外，花钱断代也可以参考文物的出土发掘信息，从考古学的角度予以分析。但总体来说，花钱的出土不多，尚不能提供一个丰富、完整的断代系统。主要原因是墓葬中所出多为专用冥钱，特别是汉代花钱和明代的金银阴刻品。而花钱大部分是用于日常挂佩，所以入土甚少，其存世量因此也不多。本书的重点一个是通过花钱欣赏来领会其中的宗教、艺术和民俗内涵，再一个就是通过对史籍的发掘与考证，为花钱的断代提供一些佐证，特别是通过对敦煌文献的发掘来揭示唐代花钱的历史背景和真实面目。

五、花钱的分类与儒道佛三教

古钱的分类比较简单，按年代分即可。但在花钱研藏中，年代是一个不可靠的分类方法。前人早已意识到这一问题，所以很早就开始探讨花钱的不同分类手段。目前所见，有按形制来分的，比如说方孔圆钱、镂空钱和挂牌；也有按使用来分的，比如说宫钱、万寿钱、祝圣钱、喜庆钱、雅玩钱、行旅钱、祈禳钱、保生钱、降魔钱、避毒钱，等等；最常用的，是按钱体上的文字图案内容来分，如清朝乾隆年间梁诗正等编撰的《钦定钱录》。这一方法一直沿用至今，如《中国压胜钱谱》的作者卢振海和阎锋就将花钱分为以下十二类：

1. 正用品
2. 吉语品
3. 生肖品
4. 佛教品
5. 道教品
6. 马钱品
7. 选仙诗牌品
8. 镂空品
9. 异形品
10. 杂品
11. 汉压胜钱、藕心钱、棘币
12. 秘戏品

图十二

稍后，余榴良等人编著《中国花钱》一书，其分类有所简略，分无字、吉语、钱文、生肖、仙佛、棋马和异形这七大类。高文和袁愈高所著《中国历代压

胜钱》一书，将花钱分为六大类：吉语、宗教神仙、将马动植物、游戏诗文、生肖和行用钱。德国钱币学家格隆德曼（Horst Grundmann）于二〇〇三年出版了自己收藏的花钱共1459枚，并对它们进行了相近的归类（见《中国及其邻国花钱》Amulette Chinas und seiner Nachbarländer 一书，二〇〇三年第一版）。本书的分类更为简单，有吉语、钱文、神仙瑞兽、生肖、挂牌与异形这六大类。必须要说明的是，这些分类有可能重叠。比如说神仙也有可能在生肖钱上出现。在这种情况下，该钱将归入生肖类。

图十三

按内容来分类，与前面所提到的以内容来断代是相一致的，它们共同说明了花钱研藏中对内容进行深刻而广泛分析的重要性。我认为，花钱应该分为核心和外延这两部分。核心部分的基本功用，便是趋吉辟邪，主要包括吉语、仙佛和生肖这三大类；而这一部分的主要构架，是通过儒道佛这三教的一些根本思想来实现的。花钱的外延部分则包括游戏、纪念、佩饰和标识这几大类别。它们虽然在外观上与核心花钱相似，但基本功用与核心部分的基本功用却有些区别，即它们以实用为主要目的，或游戏，或标识，或佩挂，或赏赐。纪念品类比较特殊，它们主要是清代的一些钱文品，其铸制有特定的要求与环境，它们的判定则需要大量的考证和相关文献的支持。秘密社团的信号钱也属于此类，比如说图十二中的义记金钱，为咸丰年间兴于浙江地区的金钱会的信号钱。

这两个层面的划分，对花钱的研藏很有裨益。首先，它不强行将所有花钱都归纳到同一体系中的同一平面上，解决了一些花钱不好归类的问题，也在一定程度上解决了花钱的定义问题。但更为重要的，是这一体系揭示了花钱的基本功用，揭示了儒道佛三教在核心花钱中的主导地位，为我们更好地诠释花钱的内容和花钱的发展提供了强有力的手段。

图十四

儒家思想在主体上，以仁义礼智信等基本标准，全面地约束社会、家庭与个人这几层关系。它在花钱中的体系是庞大的，可以说涵盖了吉语花钱这一大类别。比如前面所谈的图四，就是通过具象来表达“学而优则仕”这一儒家功名思想。图十三（No 67）则是对儒家礼教的直接宣扬。此钱面背真书，对读“帝德如天”“臣心似水”八字，系清代官炉铸品，少见。

可以说，驱邪厌胜花钱是以佛道二教主导的。但相比之下，佛教花钱无论在种类还是在数量上，显得都比较低调。有人物具象的佛教钱尤其稀少，图十四（No 216）是其中之一。此钱面背人物众多，仅钱面便有二十多，背沿外缘有十二肖形。有人认为讲述的是鬼子母残害人子，后来佛将其一子压于钵下，最后劝其归顺的故事。《杂宝藏经》卷九云：

> 鬼子母者，是老鬼神王般阇迦妻。有子一万，皆有大力士之力。其最小子，字嫔伽罗。此鬼子母凶妖暴虐，杀人儿子，以自甜食。人民患之，仰告世尊。世尊尔时。即取其子嫔伽罗，盛著钵底。时鬼子母，周遍天下，七日之中，推求不得，愁忧懊恼。传闻他言，云佛世尊，有一切智。即至佛所，问儿所在。时佛答言，汝有万子，唯失一子，何故苦恼愁忧，而推觅耶。世间人民，或有一子，或五三子，而汝杀害。鬼子母白佛言，我今若得嫔伽罗者，终更不杀世人之子。佛即使鬼子母见嫔伽罗，在于钵下。尽其神力，不能得取。还求于佛。佛言，汝今若能受三归五戒，尽寿不杀。当还汝子。鬼子母即如佛敕，受于三归及以五戒。受持已讫，即还其子。

图十五

如果这一说法成立，此钱当为佛教钱中不可多得的珍品。此外，尚有图十五中的这种白马驮经钱（No 119）和一些佛像钱，清代以前的均甚珍罕。绝大部分佛教钱是明咒钱，图十六是一枚六字明咒钱（No 44），但纹饰更为华丽，背有杂宝数件，清代铸品，少见。从传世的佛教花钱来看，我们可以较为清楚地得到佛教钱变迁的轨迹：早期铸品显得庄严、肃穆，表现出当时人们对宗教的虔诚严肃心理；到了清代，这类铸品上的宗教内容则被边缘化了，变为吉祥纹饰的一部分。

图十六

六、道教是厌胜花钱的主要题材

老子的《道德经》奠定了道教的哲学基础。到了东汉时，张道陵在四川创立了五斗米道，三国两晋时的葛玄与葛洪对其加以发展，南北朝时的寇谦之又对其进行了改革。唐初，道教被定为国教。举世瞩目的敦煌唐人写经，相当大的一部分为道教文献。赵宋亦效法李唐，特别是真宗和徽宗，极力推崇道教，徽宗更是自称道君皇帝。不少宋年号均有浓厚的道教色彩，如太平、祥符、明道、元丰、元祐、元符、大观等。经元明两朝的持续发展，道教在清末急剧衰弱。

在一千多年的发展过程中，道教对各种思想体系兼收并蓄，不仅承袭了中国古代的神秘思想，而且吸取了儒家和佛家的成分，最终发展成一个庞大的理论、教规、神仙和仪式体系。美国芝加哥美术学院的李特尔先生（Stephen Little）曾说："道教吸收了青铜器时代晚期的一些思潮，包括阴阳、八卦、易算、五行、仙山崇拜和星官，还有仙境观念。"《北史》卷三十五中有一段文字，虽令人忍俊不禁，但足以说明这一系统的庞杂：

> 时有人于黄凤泉浴，得二白石，颇有文理。遂附其文以为字，复言有诸物象，而上奏曰："其大玉有日月、星辰、八卦、五岳及二麟、双凤、青龙、朱雀、驺虞、玄武，各当其方位。又有五行、十日、十二辰之名，凡二十七字。又有'天门、地户、人门、鬼门闭'九字。又有却非及二鸟。其鸟皆人面，则《抱朴子》所谓千秋万岁者也。其小玉亦有五岳、却非、虬、犀之象。二玉俱有仙人玉女乘云控鹤之象。别有异状诸神，不可尽识，盖是风伯、雨师、山精、海若之类。又有天皇大帝、皇帝及四帝坐，钩陈、北斗、三公、天将军、土司空、老人、天仓、南河、北河、五星、二十八宿凡四十五官。诸字本无行伍，皆往往偶对。于大玉则有皇帝日名，并临南面，与日字正鼎足，复有老人星，盖明南面象日而长寿也。皇后二字在西，上有月形，盖明象月也。于次玉，则皇帝名与九千字次比，两杨字与万年字次比，隋与吉字正并，盖明长久吉庆也。"劭复回互其字，作诗二百八十篇奏之。上以为诚，赐帛千匹。

从这一庞大的思想体系中，我们还是可以提取出一些基本线索的。首先一条，道教认为阴阳二极是宇宙的原始动力，由其变幻成万物。第二条是道教的神仙思想，认为人与神之间的鸿沟是可以跨越的，比如说可以通过炼丹和服食仙丹达到长生不老。第三条便是道教的社会义务，即通过驱邪逐鬼为病患提供保障，具体手段包括符箓（见图十七）、咒语和科仪。简单来说，阴阳、长生不老和驱邪是道教的基本内容，而花钱和道教从一开始就是休戚相关的。台湾古钱学家蔡养吾曾说：

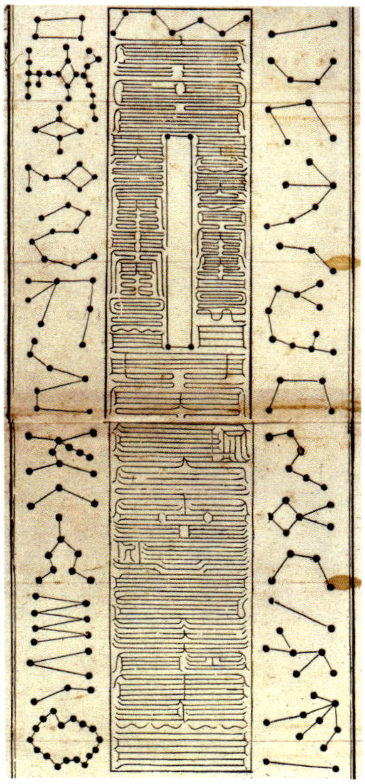

图十七

图十八

道教祈禳用钱，东汉末纪已见端倪。太平百钱出于道流之手，已是举世公认的事。降及魏晋，佛教婆罗门教纷纷东来，道流更进一步吸取佛家的理论，婆罗门教的神语及其祭祀的方法，是益发复杂壮大。婆罗门教原本以祭祀为交通天人的重要手段，道家仿之，并渗杂以中国固有的方式，编排出许多祈禳斋醮的“科仪”，把人们日常生活的如何一细小节目，或简或繁，都包括在内。其科仪一般皆以奉献为中心，奉献之物，除粟帛什器外，还有铜钱。经过祈禳咒愿后，所祀的神便施法力于所奉献之物品上，食之用之，即可获福，因而名之曰“福物”。至于铜钱则有所不同，它不但荷有神赐的福祉，而且还有神的威灵，可以驱邪除鬼，役使鬼神，无异是所祀的神的化身，或者说它已经成了神。故而千余年来，道教的信众，依照各种不同法事的需要，铸出多不同款式，不同意义，相对数量的精美铜钱，以之为“天人合一”的钥匙，以寻求幸福与庥庇。（见《中国古钱讲话》，淑馨出版社，一九九九年版。）

由此可见普通行用钱通过道教科仪变为厌胜钱的一个过程。图十八是羊角百太平百钱背水波纹，此钱是行用钱还是厌胜钱，有多种推论。彭信威认为是行用钱，因为它的存世量大过另一素背版的存世量（见《中国货币史》，上海人民出版社，一九五八年第一版）。我认为是行用和厌胜两栖钱，虽无确凿证据，但极可能与早期道教有关。

以下几节将提纲挈领地讨论道教花钱的几个主要方面，包括神、阴阳和驱邪。

七、道教的神

图十九

前面说过，道教的神仙体系是庞大的，庞大到连老子也只能是三清之一。道教绘画所表现的常常是这一庞大体系，比如说展现众神簇拥中的玉皇大帝和虔诚跪拜的施主。这些绘画极好地表达道教的两个方面：一是众多的神仙和等级系统，二是俗世对这一神仙世界的崇拜和虔诚。它既表达了人对神仙世界的景仰，也表达了要加入这一世界的愿望。人们信仰道教，一个主要目的就是希望长寿，乃至长生不老。这一思想在花钱中是有充分体现的。

图十四我们在前面讨论佛教花钱时已见过。我认为此钱也有可能为道教花钱，一是因为此钱人物众多，为道教神仙特色；二是因为钱面穿下为道教所用的丹炉；三是因为此钱上遍布飞翔的羽人，似乎与道教中的“羽化”有关联。唐代诗人白居易在《海漫漫》一诗中曾写道：

图二十

海漫漫，
直下无底傍无边。
云涛烟浪最深处，
人传中有三神山。
山上多生不死药，
服之羽化为天仙。

苏轼在《前赤壁赋》中也写道：

壬戌之秋，七月既望，苏子与客泛舟游于赤壁之下。清风徐来，水波不兴。举酒属客，诵明月之诗，歌窈窕之章。少焉，月出于东山之上，徘徊于斗牛之间。白露横江，水光接天。纵一苇之所如，凌万顷之茫然。浩浩乎如冯虚御风，而不知其所止；飘飘乎如遗世独立，羽化而登仙。

从丹炉到羽化的飞人，表现出对长生的追求，此钱的道教色彩可见也是颇为浓厚的。

七之一、老子

老子是道家创始人，公元前六世纪任职于周廷。后骑牛西去，途中应尹喜所求，写下《道德经》。图十九为石雕老子坐像，唐代文物。

图二十一

花钱中有不少仙人趺坐图，多被称为星官，但有些应该是以老子为原形的，比如图二十（No 200）。此钱面上主要人物，手持如意，端坐于穿右，其姿态与图十九的唐雕老子座像不差丝毫。另外，传说中的老子，所至均有紫气相随，而此钱穿上的云气也正与此相符。所以，此钱上的人物当以老子视之。此钱为宋代铸品。

七之二、张天师

张天师，名张陵或张道陵，东汉时沛国丰县人，相传形体高大。曾经做官，但后来隐居在江西的龙虎

图二十二

山，学习符咒，炮炼外丹。再后又隐居在四川的鹤鸣山，并创立了五斗米教，为今道教的前身。《明清实录》卷十三说：

> 张道陵，光武时人。善以符治病。至桓帝永寿元年，百二十岁而没。人传白日上升。

天师钱较为多见，而且版别颇多，基本上是天师驱鬼图。可能是宋元风俗的影响，端午时以艾草扎天师像，悬挂于门上，用以驱邪避病；另有挂天师符的习俗。图二十一（No 207）可能是天师钱中最大的一种。钱中天师按剑立于穿右，小鬼奔走于穿左，穿上有一荷叶莲座牌，上真书“张天师”三字。钱背为十二生肖图。该钱翻铸甚多，以体薄径大者为少。关于张天师大花钱的铸制年代，花钱界多认为是元代，以郭若愚先生为代表：

> 张道陵，东汉沛人，本名陵。永平时拜江州令，后弃官隐居，入江西龙虎山习练丹符咒之术，从学者甚众。道陵死，子衡传其道。其后裔张宗演于元顺帝至元间被封为辅汉天师。张天师之名至此始。

郭老的论证为：既然张天师之名始于元朝，那么天师钱铸于元朝无疑。但我认为，早期版应为宋铸。首先，天师之名远在宋以前就有了，据《魏书·释老志》记载：

> 谦之守志嵩岳，精专不懈，以神瑞二年十月乙卯，忽遇大神，乘云驾龙，导从百灵，仙人玉女，左右侍卫，集止山顶，称太上老君。谓谦之曰：“往辛亥年，嵩岳镇灵集仙宫主，表天曹，称自天师张陵去世已来，地上旷诚，修善之人，无所师授。嵩岳道士上谷寇谦之，立身直理，行合自然，才任轨范，首处师位，吾故来观汝，授汝天师之位……”

图二十三

《魏书》为北齐魏收所著，是官修史书，基本上可以确凿说明“张天师”这一称号最起码北齐就有了，所以，天师号起于元代说有误，此钱元铸的理由也就经不起推敲了。其次，考古发掘中曾发现同样的金代天师驱鬼镜，可为此钱断代提供较为可靠的佐证。另外，传世天师钱有厚版径小者，从铜质铸工来看，有元铸特征；相比之下，体薄径大者应该是早于元代的。天师钱明代也有翻铸，但铜质和铸工都远远不如宋代铸品。

图二十四

七之三、玄武

玄武是北方七宿的总称，其图腾是龟蛇合体。图二十二为碑刻拓本，相传为唐代吴道子所绘。到了宋代，玄武被人格化，变成道教中的一尊大神，专司驱邪保命；同时也是水神，《后汉书·列传》有“玄武，水神之名”语；他也是战神，《宋书·本纪》谈及文帝于元嘉五年春正月甲申日，“车驾临玄武馆阅武”，同书又谈到孝武帝“于玄武湖大阅水师”。图二十三为玄武铜塑，明代铸制。由于玄武的这些历史传说背景，龟蛇与北斗都是玄武的象征，是中国花钱中的一大常见主题。我藏有台湾陈鸿禧先生的一枚钱，面缘双轮，对读“太平元宝”四字，文体舒展、宽厚，隐约有明风；背穿下为龟蛇相交之相，上有北斗七星。此钱青铜质，色微红，可能是清代铸品。

人格化的玄武是神仙花钱的一个常见主题。根据宋代赵彦卫的《云麓漫钞》卷九，人格化的玄武为“北方之神，披发黑衣，仗剑蹈龟蛇，从者执黑旗”。宋代的玄武钱基本上都是这个格局。例如图二十四（No 110），其中玄武披发仗剑，立于龟蛇之上，穿上有一符篆。钱背为真书太上咒：

> 太上咒曰，天圆地方，六律九章。符神到处，万鬼灭亡。急急如律令，奉敕摄此符神灵。

此钱通体黑漆古，隐显红绿锈点，为早期宋代玄武钱，厌胜精品。

图二十五

我藏有香花供养大钱一枚，宋铸，品相极好，见图二十五（No 123）。这枚钱面文神采奕奕，背面二神饱满而有神韵，一袍服戴冠，一披发执剑；戴冠者为二郎，而持剑者则为玄武了。传世有二郎真君钱，无锡赵阳先生藏有一枚，圆穿位于钱体上部，面背各有一神。钱面之神戴有帽冠，钱的正中有一铭牌，曰“二郎”；钱背之神披发执剑，脚前有龟蛇，正中铭有“真君”二字。从某种意义上说，这枚二郎真君钱是对图二十四的最佳诠释。真君即为玄武，或真武。宋代祥符年间，为避讳圣祖玄朗，玄武改称真武，也称真君。据《明史·志·礼四》记载：

图二十六

北极佑圣真君者，乃玄武七宿，后人以为真君，作龟蛇于其下。宋真宗避讳，改为真武。靖康初，加号佑圣助顺灵应真君。

又据《朝野杂记》甲集卷二，佑圣观“淳熙三年建，以奉佑圣真武灵应真君”。本章另有一品香花供养钱，上有风格相近的二郎真君，参见图三十三。

七之四、四灵

前面说到，玄武最初为北方七宿，而古人有东南西北共四七二十八宿，统称四灵，分别为青龙、朱雀、白虎及玄武四神。最为著名的是汉代四灵瓦当。汉纬书《尚书考灵曜》云：

二十八宿，天元气，万物之精也。故东方角亢氐房心尾箕七宿，其形如龙，曰“左青龙”。南方井鬼柳星张翼轸七宿，其形如鹑鸟，曰“前朱雀”。西方奎娄胃昴毕觜参七宿，其形如虎，曰“右白虎”。北方斗牛女虚危室壁七宿，其形如龟蛇，曰“后玄武”。

葛洪《抱朴子·杂应》以四相为太上老君之侍卫：

左有十二青龙，右有三十六白虎，前有二十四朱雀，后有七十二玄武。

《北帝七元紫庭延生秘诀》曰：

左有青龙名孟章，右有白虎名监兵，前有朱雀名陵光，后有玄武名执明，建节持幢，负背钟鼓，在吾前后左右。

图二十七

四灵的护卫形象，也反映到中国古代的政府管理构架中。据《北史·隋本纪》记载，隋高祖文帝杨坚于开皇七年夏四月癸亥日，“颁青龙符于东方总管、刺史，西方以白虎，南方以朱雀，北方以玄武。”这一制度，唐代也承袭下来。《旧唐书·职官志》说：

传符之制，太子监国曰双龙之符，左右各十。京都留守曰麟符，左二十，其右一十有九。东方曰青龙之符，西方曰驺虞之符，南方曰朱雀之符，北方曰玄武之符，左四右三。

《新唐书·车服志》说得更为明确：

> “传信符者，以给邮驿，通制命。皇太子监国给双龙符，左右皆十。两京、北都留守给麟符，左二十，右十九。东方诸州给青龙符，南方诸州朱雀符，西方诸州驺虞符，北方诸州玄武符，皆左四右三。左者进内，右者付外。行军所亦给之。”

于是，在早期花钱中，四灵也就成了保护神，有保命安康之功；其中最享盛誉的，要数永安五男背四灵钱，传世有大小二种。图二十六（No 2）为小型，折十，面背四出，饰有粟纹。面篆文对读“永安五男”，背四灵图，上朱雀，下玄武，左白虎，右青龙。郭若愚先生认为此钱即为北魏永安年间铸品，但目前有确切考古记载的，为西安郊外何家村唐代窖藏出土，故称唐铸。大型四灵钱与小型气息相近，估计年代不会晚许多。

图二十八

从图二十七（No 1）可见，大型四灵钱面上有日月，铸于穿上“永”字两边，但小型四灵钱则没有。郭若愚先生曾发表一品大四灵的拓图，除日月外，尚有星辰，十分稀罕。但直径只有50毫米，估计有后铸的可能。钱币论坛复兴致远曾出现过一枚大四灵，面上四出之间皆镌有三字，分别为“大富贵”、“多男女”、“受（寿）命长”，另一区的三字不可辨识。此外，大型四灵钱也有合背版，较少见，品相好的更是稀见。古泉园地曾出现过一枚鎏金四灵合背大钱，钱体穿有小孔八个，生坑绿锈，暗金闪亮，甚是罕见。

八、道教驱邪的法宝

道教驱邪的法宝与方式颇多。这里谈几样和花钱有关的。

图二十九

八之一、阴阳八卦

道教认为，世间万物皆化生于阴阳二气，而八卦则揭示了阴阳交互化生的内在规律。从图二十八可见，阴阳二气不仅投射出天地风雷等自然物象，还预示时辰与节气的变幻。

八卦被道教所吸收后，变为驱邪辟恶的一大法宝。在道教图示中，老子身穿八卦袍，住八卦宫，炼

图三十

丹于八卦炉。俗世认为八卦具有非凡的魔力，佩挂它便会得到神灵的庇护，所以自宋以降，有八卦图形的花钱一直都十分受欢迎，存世也多。目前日渐稀少的，是清代宫用八卦钱。图二十九（No 105）是一枚天下太平背八卦钱，为清代咸丰年间铸制，属于宫钱的一种，据说放于宫中镇梁宝盒中，有避水火之功。较早的一种系手工刻于铜片上，一面是汉文“天下太平”，另一面则是满文，刻功遒劲，曾于北京故宫梁上发现，如今偶尔可见。清代另有年号八卦钱，图三十为大型道光通宝背八卦钱，稀见。

八之二、符篆

道教驱邪的三大法宝为符篆、咒语和法剑。符篆由来已久，战国时就出现了，后为道教所采用，似乎具有无上的通神驱邪法力。第三十代天师张继先在《道藏·正一部》第九九六册《开坛法语》中说：

> “吾家法录，上可以动天地，下可以撼山川，明可以役龙虎，幽可以摄鬼神，功可以起朽骸，修可以脱生死，大可以镇家邦，小可以却灾祸。”

符篆是文字、星象和神象的复合体，有音有义，但多已失传。早在晋时，葛洪就在《抱朴子》中说：

> “昔吴世有介象者，能读符文，知误之与否。有人试取治百病杂符及诸压劾符，去其签题以示象，皆一一据名之。其有误者，便为人定之，自是以来，莫有能知者也。”

和八卦一样，符篆用途颇广，不仅用于道法和斋醮科仪，也用于为人驱鬼、镇邪和治病。图三十一为在敦煌发现的唐代符篆，现藏法国国家图书馆。另外，右页图三十二为一幅敦煌石窟所出的绘画，唐代作品，纸本，大英图书馆藏品。这件文物为敦煌遗书中为数不多的道教绘画作品，其上右为一神，披发赤体，为计都星；左为北方神星，即北辰星（九曜中的水星，参见本书No 128和No 129），以手执纸笔的妇人形象出现。图上另朱书符篆、符篆的功效，还有供养人的祷词。兹录于下：

> 谨请计都星护身保命。弟子一心供养。谨请北方神星护身保命。弟子一心供养。此符陀罗尼符，带者得神通，除罪千劫。十方诸佛

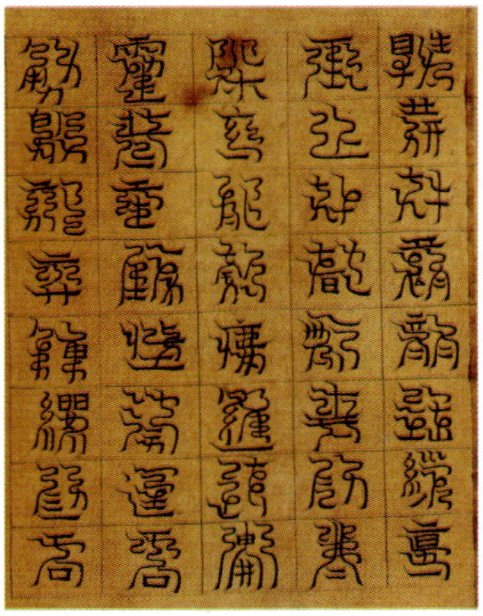

图三十一

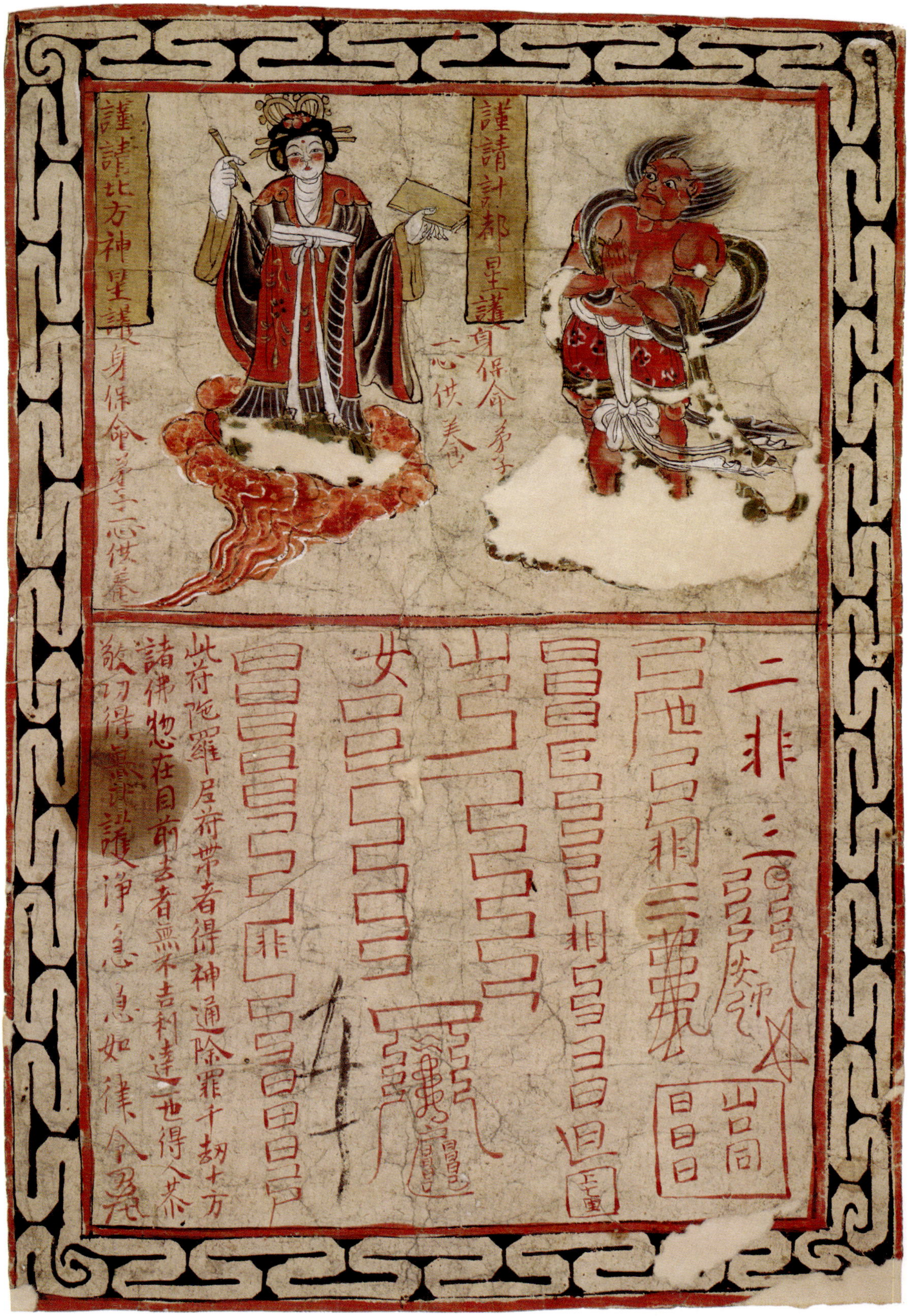

Talisman of the Pole-Star. Five Dynasties. Ink and colours on paper. H. 42.7cm, W. 30.0 cm.

 (1919-0101-0.170)

图三十二 北方神星·计都星像护符。五代时期。纸本设色。高42.7厘米，宽30.0厘米。大英图书馆藏。

物在目前，去者无不吉，利达一世，得人恭敬，功德无比护净。急急如律令。

这件作品的价值，在于说明了请何方之神（计都星和北方神星）与作何请求（护身保命）。更重要的是它写明了符箓的具体含义，即通神、赎罪、吉利、富贵与功德这几大主题，而花钱的内容也基本上包涵这几个方面。鉴于北方神星与计都星为九曜中之二曜（见本书图No 128和No 129），此符可能是几张一套。可以想象此符为道人所书。宋代有道人书符，临街售卖的风俗。据宋人陈元靓《岁时广记》记载：

成都古今记：三月三日，太守出北门，宴学射山。盖张伯子以是日上升，即此地也。男觋女巫会于此，写符箓以鬻于人，云宜田蚕、辟灾疫。佩者戴者信以为然。

宋代诗人苏轼也曾赋诗一首，谈及这一风俗：

《和子由踏青》

春风陌上惊微尘，游人初乐岁华新。
人闲正好路旁饮，麦短未怕游车轮。
城中居人厌城郭，喧阗晓出空四邻。
歌鼓惊山草木动，箪瓢散野乌鸢驯。
何人聚众称道人，遮道卖符色怒嗔。
宜蚕使汝茧如瓮，宜畜使汝羊如麕。
路人未必信此语，强为买符禳新春。
道人得钱径沽酒，醉倒自谓吾符神。

图三十三

直到明代，皇宫中还有以符箓为赏赐品的风俗，如《明清实录·明实录·神宗》就载有这样一条：

丙戌，慈圣宣文明肃皇太后万寿圣节，颁赐四辅臣金银币、万寿字、金银符箓，及讲臣刘元震等各有差。

南宋人周密写过一本《乾淳岁时记》，专谈杭州一带风俗习惯。书中在谈及端午习俗时，就有“道宫法院多送佩带符箓”语。这里所说的“佩带符箓”，很可能就包括符箓铸币。所以可以想象，有道教符箓的花钱，不论在种类上还是数量上都相当多。

在传世符箓钱中，最为典型的是宋代虎符生肖钱，面为星官和肖形，背为饰有虎头的符箓。图三十三（No 124）是宋代铸品，也有可能更早，面左玄武，右二郎（参见图二十五），穿上铭有“香花供养”四字；穿下为一头异兽，尖角利爪，其状甚为凶猛；背为符文三字，穿左右二字类似九叠篆，上饰有兽首，曲角高耸。此钱品相上乘，人物生动，符文清晰，花穿精整，是可遇不可求的佳品。

图三十四

八之三、咒语

作为道教驱鬼的另一法宝，咒语钱也是比较多见的一个品种，但其中以清代的铸品为多。目前所见，主要有四种咒语：太上咒、雷霆咒、神清咒和天罡咒。

太上咒：“太上咒曰，天圆地方，六律九章。符神到处，万鬼灭亡。急急如律令，奉敕摄此符神灵。”

雷霆咒：“雷霆雷霆，杀鬼降精，斩妖辟邪，永保神清。奉太上老君，急急如律令。敕。”

神清咒：“神清神清，捉鬼降妖。此符到处，灭鬼不存。急急如律令，雷霆摄。”

天罡咒：“天罡天罡，斩邪灭亡。吾有令剑，斩鬼不存。急急如律令，上清摄。”

尽管用词不同，它们都祈求神力来摧毁或驱逐鬼邪。这三种咒的最后都有“急急如律令”语，与汉代的政府公文用语相近，所以这些咒语的历史可以追溯到汉代。这一点与道教的起源时间是正好吻合的。图三十四（No 41）是一枚少见的元代咒语钱，青铜质，上有小挂。此钱面为天罡咒，背为神清咒。此外，每面均有符篆二字。

八之四、法剑

符篆和咒语可以悬挂在厅堂中来辟邪驱鬼，如有需要，就要请道士来做法了。《红楼梦》第一百〇二回对此有十分详尽的描写：

“贾赦没法，只得请道士到园作法事驱邪逐妖。择吉日先在省亲正殿上铺排起坛场，上供三清圣像，旁设二十八宿并马、赵、温、

图三十五

周四大将，下排三十六天将图像。香花灯烛设满一堂，钟鼓法器排两边，插着五方旗号。道纪司派定四十九位道众的执事，净了一天的坛。三位法官行香取水毕，然后擂起法鼓，法师们俱戴上七星冠，披上九宫八卦的法衣，踏着登云履，手执牙笏，便拜表请圣。又念了一天的消灾驱邪接福的《洞元经》，以后便出榜召将。榜上大书‘太乙混元上清三境灵宝符录演教大法师行文敕令本境诸神到坛听用’。……只见小道士们将旗幡举起，按定五方站住，伺候法师号令。三位法师，一位手提宝剑拿着法水，一位捧着七星皂旗，一位举着桃木打妖鞭，立在坛前。只听法器一停，上头令牌三下，口中念念有词，那五方旗便团团散布。法师下坛，叫本家领着到各处楼阁殿亭房廊屋舍山崖水畔洒了法水，将剑指画了一回，回来连击牌令，将七星旗祭起，众道士将旗幡一聚，接下打怪鞭望空打了三下。本家众人都道拿住妖怪，争着要看，及到跟前，并不见有什么形响。只见法师叫众道士拿取瓶罐，将妖收下，加上封条。法师朱笔书符收禁，令人带回在本观塔下镇住，一面撤坛谢将。”

图三十六

如此情景，在古代绘画中也有所反映。图三十五所表现的是清代道士在宫中升坛作法。坛前所跪之人传为雍正帝的侄儿，时其父病，设坛祈禳。

道士在作法驱鬼时，一件必不可缺的法器便是法剑，也称令剑，用以斩鬼。天罡咒中就说“吾有令剑，斩鬼不存”。李特尔曾说：“古代中国人认为宝剑有魔法，有多种用途。唐玄宗的宝剑有驱邪神功，可以通神斩邪。宝剑之所以有法力，是因为它本身就是一个神圣的元气微观宇宙。”所以法剑的铸制极其讲究，刃上遍刻符篆和星辰。图三十六是一柄道士用剑，剑身为明代弘治年间铸制，而剑鞘则是清代道光十九年所配。法剑在花钱上时有出现。较为多见的是一种小平钱，面文多为“大泉五十”，背有龟蛇星剑四样。二十世纪八十年代，法国钱币学家蒂埃里在甘肃兰州博物馆中发现了一件花钱铜范。该范为叠铸母范，上有钱形六枚，面文“永通万国”，背图即为龟蛇星剑。见图三十七。既有铜母范，可以想象当时的铸量颇为可观，但流传至今的到代好品则少之又少了。图三十八（No 78）乃一佳例，原为英国钱币收藏家大卫·牛津（David Oxford）旧藏，后归我的好

图三十七

友、钱币收藏家托尼·莫森（Tony Merson）先生，承其雅让，最终又归入我的名下。在伦敦能收藏到这样的泉品，只能说是可遇不可求的缘分了。有法剑图形的大钱更为少见。图三十九（No 14）钱背上有法剑二柄，通体黑漆古，面文为象形篆，对读“龟鹤齐寿”，极其灵动，足见书手的深厚功底和艺术造诣。龟鹤齐寿钱所见多为瘦金书（见No 15），篆书品罕见，而此枚背另有双剑，为仅见的花钱珍品。钱背的双剑，世人多解为雌雄剑，象征阴阳二气。《晋书·张华传》中记载：

图三十八

> “雷焕于丰城得双剑，送一与华，留一自佩。焕卒。子持剑行经延平津，剑从腰间跃出堕水。使人没水取之，但见两龙，各长数丈，蟠萦有文章。”

另外，韩愈有诗句：“望夫山上石，别剑水中龙。”李贺诗中也说：“剑龙夜叫将军闲。”所以，双剑也是双龙的象征。

九、结语

本章对中国花钱的若干方面进行了肤浅的概述，认为花钱的三大要素为：以钱形为主，以金属铸制，以求吉避邪为目的。另外，提出花钱可分为两个层次，即核心花钱和外延花钱。核心花钱以趋吉辟邪为基本功用，以儒道佛三教为基本指导思想和手段，可以大略分为吉语、厌胜和无文三大类。外延花钱的基本功用与核心花钱不同，有其具体的实用特征，所以它们的外在表现也和核心花钱不尽相同。儒教主要影响了吉语花钱，佛教花钱比较单一，主要为明咒钱，而道教则对厌胜花钱有着广泛和深远的影响。本章最后对道教花钱进行了概述，谈及道教的几个主要方面以及这几个方面对道教花钱的影响，特别是对神仙、符篆、咒语这几大类花钱的影响。

图三十九

必须说明的是，中国花钱博大精深，文中谬误恐所难免。在此恳请各位读者提出批评和宝贵意见。下面几章就分门别类地介绍花钱的几大部分，包括吉语、钱文、神仙瑞兽、生肖、挂牌和异形，最后介绍镂空花钱。另几个游戏门类，比如打马格钱、选仙钱、棋钱、秘戏钱等，就不专门介绍了。由于所录都是我个人的藏品，而且经过筛选，所以它们对花钱的种类分布和存世多寡并不具代表性，这点敬请各位读者留意。

吉语钱

Charms with Lucky Expresssions

本章专门介绍吉语花钱。如上一章所述，大部分吉语钱与中国的儒教思想有着密切的关联，集中表现福、禄、寿、子、财这五大中心思想。除此以外，吉语钱还表述对辟邪驱恶的需求。所以，从内容来看，吉语钱可分为吉祥钱和避邪钱这两部分。

从存世数量和种类来说，吉语钱是中国花钱中的一个最大门类。明代或明代以前的吉语钱比较少见，特别是唐宋之间的吉语钱。它们铸制精美，当之无愧为花钱的精华。汉代花钱也颇为少见，且品种不多。

目前，清代花钱越来越为藏家所喜爱。它们可按铸制地点、钱体形制、钱文书法及图案风格分为京炉（Nos 67–68）、云炉（No 71）、贵炉（Nos 45–48）、川炉（No 74）、赣炉、福炉、浙炉（Nos 69–70）等炉别，江苏地区的所谓苏炉钱（Nos 50–65）尤其备受追捧。需要说明的是，炉别是个地域概念，从年代来说，铸造时期可以跨越明清等几个朝代。例如，Nos 62–65这几枚苏炉钱就很有可能是明代天启年间的铸品，因为它们和天启大钱的风格如出一辙。

Charms with lucky expressions are typically related to Confucian belief. In particular, they tend to touch on such major themes as fortune, official position, longevity, posterity and wealth. Additionally, charms in this category may also express the wish to be protected against evil spirits. These charms therefore fall into two groups: amulets and talismans.

Charms with lucky expressions perhaps represent the largest group amongst charms in general. Those before the Ming Dynasty are difficult to come by, especially those produced between the Tang and Song periods. Those from the Han are also rare but they do not seem to be as collectable as those from the Tang and Song.

As a matter of fact, charms from the Qing Dynasty are rapidly becoming popular amongst collectors, especially charms from Jiangsu Province which are commonly referred to as *Su Lu* charms (see Nos 50–65). *Su Lu* indicates the Jiangsu region and charms in this group can be as old as the Ming. Nos 62–65, for example, were most likely produced during the Ming since they exhibit all the necessary resemblance to the Tian Qi coins produced during the Tian Qi reign of the Ming Dynasty.

伏羲与女娲。敦煌绢绘。年代待考。大英图书馆藏。
Fuxi and Nuwa. Dunhuang painting, ink and colours on silk. Unknown date. (1919-0101-0.300).

No 1.
唐 Tang period
径 Diameter: 54mm

Yong An Wu Nan
(Perpetual peace to five sons)

永安五男

The Four Intelligent Creatures

四灵

No 2.
唐 Tang period
径 Diameter: 33mm

Yong An Wu Nan
(Perpetual peace to five sons)

永安五男

此钱曾发现于唐代何家村窖藏，年代故定为唐。从风格来说，有可能更早。见本书《星相崇奉与四灵厌胜钱》一章。

The Four Intelligent Creatures

四灵

No 3.
唐 Tang period
径 Diameter: 58mm

Obverse: *Wu Nan Er Nü Qi Zi Bai Xiang*
(Five sons, two daughters, seven children offered high positions)

面：五男二女七子拜相

Reverse: Two dragons

背：双龙

宋朱鉴编《诗传遗说》卷四论及国风时说：

“今人言五男二女，亦有所本。《诗疏》所谓武王有五男二女，盖出于此。五男者，如左传邗晋应韩，为武之穆与成王则五矣。二女者，太姬下嫁陈胡公，其一也；诗何彼秾矣，王姬下嫁齐侯之子，则二也。”

No 4.
唐 Tang period
径 Diameter: 39mm

鎏金
Gilded

Obverse: *Wu Nan Er Nü San Gong Jiu Qing*
(Five sons, two daughters, three noble ranks, nine court positions)

面：五男二女三公九卿

Reverse: Plain

背：素背鎏金

根据唐代《周礼正义序》记载：

“三公九卿者：六卿并三孤而言九。其三公又下兼六卿，故《书传》云：司徒公、司马公、司空公，各兼二卿。”

汉代官制有所不同， 三公为丞相、太尉、御史大夫。九卿则包括太常、光禄勋、卫尉、太仆、廷尉、大鸿胪、宗正、大司农和少府。

《钱通》称此为“福庆钱”。

面
Obverse

No 5.
宋 Song period
径 Diameter: 60mm

Wu Nan Er Nü (Five sons and two daughters)

五男二女

据《梦粱录·卷二十·育子》记载："杭城人家育子，如孕妇八月，初月初，外舅姑家以银盆或彩盆盛粟秆一束，上以锦或纸盖之，上簇花朵、通草、贴套、五男二女意思，及眠羊卧鹿，并以彩画鸭蛋一百二十枚、膳食、羊、生枣、栗果，及孩儿绣彩衣，送至婿家，名'催生礼'。足月，既坐蓐分娩，亲朋争送细米炭醋。三朝与儿落脐，炙顖。七日名'一腊'，十四日谓之'二腊'，二十一日名曰'三腊'，女家与亲朋俱送膳食，如猪腰、肚、蹄、脚之物。至满月，则外家以彩画钱或金银钱、杂果，及送彩段珠翠角儿食物等，送往其家，大展'洗儿会'。"

背
Reverse

Seven children playing together

婴戏

兹录宋代词人胡浩然《满庭芳·吉席》一首：

潇洒佳人，风流才子，天然分付成双。兰堂绮席，烛影耀荧煌。数辐红罗绣帐，宝妆篆、金鸭焚香。分明是、芙蕖浪里，一对浴鸳鸯。

欢娱，当此际，山盟海誓，地久天长。愿五男二女，七子成行。男作公卿将相，女须嫁、君宰侯王。从兹去，荣华富贵，福禄寿无疆。

No 6.
元 Yuan period
径 Diameter: 59mm

Obverse: *Fu Lu*
(Fortune and deer)

面：福鹿

Reverse: *Ben Ming*
(Dominant vitality)

Tiger, Queen Mother of the West and King of the East

背：本命、虎、西王母、东王公

此钱阔缘方穿，浆色暗褐，绿锈点点。面穿上一楷书“福”字，穿下一鹿。钱背穿上一莲牌，内书“本命”二字；穿下一兽，为虎形；穿左右各一神，首有圆光，当为西王母与东王公。鹿者，禄也；东王公及西王母者，寿也；此钱祈福禄寿也。

此钱见载于旧谱多种，如丁氏福保所刊之《古钱大辞典》。翁氏树培之《古泉汇考》曰：“钱币考曰：径寸八分，面文两神相向。背文上为福字，下为一鹿。培按：此钱一种，径寸七分，面穿上一福字，下为鹿；背文穿上为符，穿下为虎，左右两神，首皆作圆光。一种径寸八分强，轮甚阔。”今由此泉可知，翁氏所谓穿上符者，实“本命”二字也。

此钱另有三种版式：一、面穿左右“保佑”二字（刊于李佐贤《古泉汇》之贞集卷七）；二、面穿左右“长生”二字；三、面穿左右“元神”二字，大小略异。

No 7.
明 Ming period
径 Diameter: 50mm

Tian Xia Tai Ping
(Peace under heaven)

天下太平

Five bats

五福（蝠）

Bats are a frequent motif on charms, representing blessings. The association between this animal and its connotation comes from its pronunciation, which is identical to that for *blessing*. The five blessings are: fortune, official salary, longevity, posterity and wealth.

五福者，福禄寿子财也。

面
Obverse

No 8.
辽 Liao period
径 Diameter: 50mm

Shang Shang Da Ji (Great great luck)

上上大吉

上上大吉钱为花钱之奇品，每出多有奇崛之处，或文字、或图案、或铸工、或气息。就断代而言，上上大吉钱有元铸、宋铸、辽铸，甚至更远。此页所刊，深字素背，又有所不同，不啻大吉钱之精品也。

背
Reverse

Plain Reverse

素背

The piece here represents a group of charms with the inscription *Shang Shang Da Ji*, or great great luck. These charms are often different from the rest with lucky expressions. The inscriptive styles are often different, as are the designs at the back. Even the casting itself is often different from the others. In terms of dating, they can be variously attributed to dynasties such as the Yuan, Song and Liao. In its overall appearance, this charm is a particularly pleasing specimen. It is also highly unusual for its plain reverse.

No 9.
辽 Liao period
径 Diameter: 51mm

Obverse: *Shang Shang Da Ji*
(Great great luck)

面：上上大吉

Reverse: Stars

背：星相

王士禛辑、郑方坤删补《五代诗话》卷三云：

（孟）宾于，字国仪，连州人，天福中，自湖湘越京洛应举，远人无援，遂卜命于华山神珓，一年乞一珓，凡六掷，乃得上上大吉。

第一年云：
蟾宫空手下，
泽国更谁来。

二年云：
水国二亲应探榜，
龙门三月又伤春。

三年云：
仙岛却回空说梦，
清朝未达自嫌身。

四年云：
失意从他桃李春，
嵩阳经过歇行尘。
云僧不见尘中事，
问是今年第几人。

五年云：
因逢日者教，
重应忍被云。

僧劝即归。天福九年，礼部侍郎符蒙下及第，果六举，后往江南，官至水部郎中。

No 10.
辽 Liao period
径 Diameter: 52mm

Shang Shang Da Ji
(Great great luck)

上上大吉

此钱面文之“吉”字，与众不同。观其形制、气息，也有可能是五代的铸品。

Stars

星相

《云笈七签》卷二十四《总说星》曰：七星第一星名曰天枢，魂神斗次；第二星名曰天璇，魂神斗次行；第三星名曰天机，魄精斗次行；第四星名曰天权，魄精斗次行；第五星名曰玉衡，魄灵斗次行；第六星名曰闿阳，魄灵斗次行；第七星名曰摇光。

面（阔缘版）
Obverse (wide-rim issue)

No 11.
宋 Song period
径 Diameter: 62mm

Jia Guan Jin Lu (Higher position and more salary)

嘉官进禄

此钱从文字风格来看，当为南宋时期铸品。此处所录为阔缘版，传世另有窄缘版一种，钱径稍小。

背
Reverse

Moon in cloud and rhinoceros

犀牛望月

吉语背犀牛望月钱，目前所见计有“嘉官进禄”、“福延寿长”（No 12），“金玉满堂”（No 36）和“长命富贵”（Nos 23和24）这四种。

No 12.
明 Ming period
径 Diameter: 64mm

Fu Yan Shou Chang
(Unbounded fortune and longevity)

福延寿长

Moon in cloud and two rhinoceroses in waves

双犀望月

No 13.
辽 Liao period
径 Diameter: 60mm

Obverse: *Fu Yan Shou Chang*
(Unbounded fortune and longevity)

面：福延寿长

Reverse: Star and moon

背：星月

无锡丁福保所撰《古钱大辞典·下编》录有此钱。所刊之图，背上星下仰月。

《钱币考》曰：“此钱径一寸八分，外郭有圆孔，背为星月。”培按：“此钱自上及右读之，一种径寸七分，背上星下仰月；一种径寸七分强，背无字；面文二种相类。泰和钱背有此四字，或此钱为金钱欤？”迁存云：“有福寿延长钱镜 。”

面
Obverse

No 14.
宋 Song period
径 Diameter: 52mm

Gui He Qi Shou (Live as long as the tortoise and the crane)

龟鹤齐寿

《月令辑要》卷二录：

《增史记龟策传》：龟者，天下之宝也。生于深渊，长于黄土；知天之道，明于上古；游三千岁，不出其域；安平静正，动不用力；寿蔽天地，莫知其极；与物变化，四时变色，春苍夏黄，秋白冬黑。《淮南子》：鹤寿千岁，以极其游。

背
Reverse

Two swords

双剑

双剑者，双龙也。《佩文韵府》卷二之一有“剑化龙”条：

《晋书·张华传》：雷焕于丰城得双剑，送一与华，留一自佩。焕卒。子持剑行经延平津，剑从腰间跃出坠水。使人没水取之，但见两龙，各长数丈，蟠萦有文章。韩愈有所思，联句：“望夫山上石，别剑水中龙。”李贺诗：“剑龙夜叫将军闲。”

面
Obverse

No 15.
宋 Song period
径 Diameter: 61mm

Gui He Qi Shou (Live as long as the tortoise and the crane)

龟鹤齐寿

背
Reverse

Plain reverse

素背

No 16.
唐 Tang period
径 Diameter: 45mm

Gui Ling He Suan
(The age of tortoise and crane)

龟龄鹤算

Plain reverse

素背

No 17.
唐 Tang period
径 Diameter: 52mm

Chang Shou
(Longevity)

长寿

Stars and Xuan Wu
(Snake and tortoise)

北斗、玄武

面
Obverse

No 18.
五代 Five Dynasties period
径 Diameter: 57mm
厚 Depth: 6mm

Qian Qiu Wan Sui (A thousand autumns and ten thousand years)

千秋万岁

洪武十五年重定九奏乐章，其三为《眷皇明之曲》：

> 赫赫上帝，眷我皇明。大命既集，本固支荣。厥本伊何，育德春宫。厥支伊何，藩邦以宁。庆延百世，泽被群生。及时为乐，天禄是膺。千秋万岁，永观厥成。

背
Reverse

Plain reverse

素背

关于此钱，华光普主编《中国古钱大集》第855页云：“考系辽钱。另千秋万岁钱五代时期楚马殷、幽州刘仁恭等均有铸造。”

No 19.
元 Yuan period
径 Diameter: 54mm

Chang Sheng Bu Lao
(Live for ever and never age)

长生不老

Immortal, attendant, crane, tortoise

仙人、侍者、鹤、龟

No 20.
五代 Five Dynasties period
径 Diameter: 51mm

Fu Ru Dong Hai Shou Bi Nan Shan
(Fortune as deep as Eastern Sea and longevity as great as Southern Mountain)

福如东海
寿比南山

Mirror reverse

镜背

本书另收有镜背二枚，见No 140和No 141。

See Nos 140 and 141 for two other charms with a mirror reverse.

手雕
Hand-carved

No 21.
清 Qing period
径 Diameter: 60mm

Chang Ming Fu Gui (Longevity, fortune and honour)

长命富贵

《钦定钱录》云："右一品，文曰长命富贵，背文有仰月形。按，崇高莫大乎富贵，富贵二字，相联属始此。又《风土记》：端午，造百索系臂，名曰长命缕。"

背
Reverse

Dragon, phoenix and fire pearl

龙、凤、火珠

从工艺、形制等方面综合来看，此钱为清康熙年间制。

双体文（八思巴文与篆文）
Bashpa script and seal script

No 22.
元 Yuan period
径 Diameter: 53mm

Chang Ming Fu Gui (Longevity, fortune and honour)

长命富贵

“长命”二字用八思巴文书写，“富贵”二字用篆体书写，故称双体文。目前所见，仅二三品。

Chang Ming in the Bashpa script and *Fu Gui* in seal script.

背
Reverse

Two deer and two bats

双鹿、双蝠

此钱尚有另一版传世，背为上月、下鹿、左盘长、右蝠。法国国家图书馆藏有一品，发表于蒂埃里所著《中越花钱》一书中。

There is a variation of the same type with a moon, a deer, a mystic knot and a bat on the reverse. A specimen is in the collection of the French National Library, which was published by François Thierry in 1981 in *Amulettes de Chine et du Viet-Nam*.

阔缘版
Wide-rim issue

No 23.
金 Jin period
径 Diameter: 76mm

Chang Ming Fu Gui (Longevity, fortune and honour)

长命富贵

北京颐和园内的东堤廓如亭北，有一铜牛卧于昆明湖畔。此铜牛铸于清乾隆二十年（1755），仿大禹治水故事，意在镇服水患。右页所录，即为牛背上的阳文篆书《金牛铭》。此抑或避水钱耶？

背
Reverse

Moon in cloud and rhinoceros in waves

犀牛望月

夏禹治河，铁牛传颂。义重安澜，后人景从。
制寓刚戊，象取厚坤。蛟龙远避，讵数鼍鼋。
潫此昆明，潴流万顷。金写神牛，用镇悠永。
巴丘淮水，共贯同条。人称汉武，我慕唐尧。
瑞应之符，逮于西海。敬兹降祥，乾隆乙亥。

窄缘版
Narrow-rim issue

No 24.
金 Jin period
径 Diameter: 59mm

Chang Ming Fu Gui (Longevity, fortune and honour)

长命富贵

另有金玉满堂背犀牛望月钱，可视为一对。见No 36。

See No 36 for a similar piece but with the inscription *Jin Yu Man Tang*, a hall full of gold and jade.

背
Reverse

Moon in cloud and rhinoceros in waves

犀牛望月

按，金铜镜及厌胜钱多用吴牛喘月典。查《世说新语·言语》：“满奋畏风，在晋武帝坐，北窗作琉璃屏，实密似疏。奋有难色，帝笑之。奋答曰：‘臣犹吴牛，见月而喘。’”

荀绰《冀州记》曰：“奋字武秋，高平人。魏太尉宠之孙也。性清平有识，自吏部郎出为冀州刺史。”《晋诸公赞》曰：“奋体量清雅，有曾祖宠之风。迁尚书令。”

面
Obverse

No 25.
五代 Five Dynasties period
高 Height: 69mm
宽 Width: 65mm

Chang Ming Fu Gui (Longevity, fortune and honour)

长命富贵

背
Reverse

Two phoenixes amidst floral designs

双凤花草

面
Obverse

No 26.
五代 Five Dynasties period
径 Diameter: 67mm

Chang Ming Fu Gui (Longevity, fortune and honour)

长命富贵

背
Reverse

Crane, immortal and attendant

鹤、侍者、仙人

No 27.
金 Jin period
径 Diameter: 59mm

Chang Ming Fu Gui
(Longevity, fortune and honour)

长命富贵

Waves

水波纹

No 28.
金 Jin period
径 Diameter: 61mm

Chang Ming Fu Gui
(Longevity, fortune and honour)

长命富贵

Floral designs

缠枝纹花草

面
Obverse

No 29.
五代 Five Dynasties period
径 Diameter:71mm

Chang Ming Fu Gui (Longevity, fortune and honour)

长命富贵

《四库全书》中收有明代诗人、书法家刘麟的《清惠集》。他在《与施吾菴》一文中说："有金钱以为佩戴之物，虽一钩之微，而长命富贵四字或多于万金。冀如所言为庆，岂有量哉！"

背
Reverse

Two *Chi* dragons (*Chi*, a hornless dragon)

双螭

《诗传名物集览》云："世传龙生九子，不成龙，各有所好。一赑屃，形似龟，好负重，今石碑趺是也。二螭吻，形似兽，性好望，今屋上兽头是也。三蒲牢，形似龙而小。四狴犴，形似虎，有威力，故立于狱门。五饕餮，好饮食，故立于鼎盖。六八夏，好水，故立于桥柱。七睚眦，性好杀，故立于刀环。八金猊，形似狮，好烟火，故立于香炉。九椒图，形似螺蚌，性好闭，故立于铺首。"

面
Obverse

No 30.
辽 Liao period
径 Diameter: 56mm
厚 Depth: 6mm

Shi Wan (A hundred thousand), moon and star

十万、星、月

此钱面穿左右为日月纹，穿上下对读“十万”，背为双凤。高浮雕，体大厚重。泉痴山人裴元博先生著有《辽千秋万岁钱续考》一文，认为日月纹加数字者，应为辽代镇库钱。他还说：“日月合璧是辽代重要的图饰，不止是表示帝后是日月大神，而且是向天下人宣示，契丹国是由皇族和后族共同统治、皇天后土的天朝。”谨记于此。备考。

背
Reverse

Two phoenixes

双凤

《诗经·大雅·卷阿》曰:“凤凰于飞，翙翙其羽，亦集爰止。”《毛诗注疏》卷二十四云：“《传》：凤凰，灵鸟，仁瑞也。雄曰凤，雌曰凰。翙翙，众多也。《笺》云：翙翙，羽声也，亦与众鸟也。爰，于也。凤凰往飞，翙翙然，亦与众鸟集于所止。众鸟慕凤凰而来，喻贤者所在，群士皆慕而往仕也。”

No 31.
唐 Tang period
径 Diameter: 65mm

Obverse: *Jin Yu Man Tang*
(A hall full of gold and jade)

面：金玉满堂

Reverse: Two *Chi* dragons

背：双螭

上海郭若愚先生，博闻强记，精于文献考证，所著《古代吉祥钱图像赏析》于一九九八年由上海教育出版社出版，可谓中国花钱文化内涵发掘第一书。此书第二十节谈及花钱之龙凤图形，其中刊有一“金玉满堂”钱。关于此钱，郭老如是说：

> “唐代见有双龙金玉满堂花体篆吉祥钱。径59毫米，重33.7克。面花体篆金玉满堂四字并足对读，钱底肉罗纹地，鎏银，背双龙旋绕。此类钱的书体是我国唐代流行的一种花体书，日本奈良东大寺正仓院保存我国唐代鸟毛帖制的文书屏风上有这种花体篆书，日本天长年间空海和尚所书《大和州益田池碑铭》现存和歌山释迦文院，也能见到此种书体。我国国内却很少见到了。此钱还保存此种书体，弥足珍贵。钱背双龙细长婉约，是为唐代龙纹样的代表作。”

无独有偶，张廷先生著有《民俗钱币鉴赏》一书，二〇〇二年由辽宁画报出版社出版。此书亦刊载“金玉满堂”大钱一枚，63毫米，并说明为晚唐墓葬出土。书中虽未提供墓葬之详细资料，观其文字、书体、形制与气息，与郭老所刊相近似（尽管郭钱略小）。郭老之考证，与晚唐墓葬说相印证，可信度较高，所以基本可以定为唐铸。

No 32.
元 Yuan period
径 Diameter: 73mm

Jin Yu Man Tang
(A hal full of gold and jade)

金玉满堂

Two *Chi* dragons

双螭

No 33.
元 Yuan period
径 Diameter: 58mm

Jin Yu Man Tang
(A hall full of gold and jade)

金玉满堂

Two phoenixes

双凤

No 34.
五代 Five Dynasties period
径 Diameter: 45mm

Jin Yu Man Tang
(A hall full of gold and jade)

金玉满堂

Two *Chi* dragons

双螭

面
Obverse

No 35.
元 Yuan period
径 Diameter: 63mm

Jin Yu Man Tang (A hall full of gold and jade)

金玉满堂

《晋书·列传第六十四》录有鲁褒的《钱神论》：“钱之为体，有乾坤之象。内则其方，外则其圆。其积如山，其流如川。动静有时，行藏有节。市井便易，不患耗折。难折象寿，不匮象道。故能长久，为世神宝。亲之如兄，字曰孔方。失之则贫弱，得之则富昌。无翼而飞，无足而走。解严毅之颜，开难发之口。钱多者处前，钱少者居后；处前者为君长，在后者为臣仆。君长者丰衍而有余，臣仆者穷竭而不足。《诗云》：‘哿矣富人，哀此茕独。’

钱之为言泉也，无远不往，无幽不至。京邑衣冠，疲劳讲肄，厌闻清淡，对之睡寐，见我家兄，莫不惊视。钱之所佑，吉无不利。何以读书，然后富贵。昔吕公欣悦于空版，汉祖克之于嬴二，文君

背
Reverse

Chang Ming Fu Gui (Longevity, wealth and honour)

长命富贵

解布裳而被锦绣，相如乘高盖而解犊鼻，官尊名显，皆钱所致。空版至虚，而况有实；嬴二虽少，以致亲密。由此论之，谓为神物。

无德而尊，无势而热，排金门，入紫闼。危可使安，死可使活，贵可使贱，生可使杀。是故忿争非钱不胜，幽滞非钱不拔，怨仇非钱不解，令问非钱不发。洛中朱衣，当途之士，爱我家兄，皆无已已，执我之手，抱我始终。不计优劣，不论年纪，宾客辐辏，门常如市。谚曰：'钱无耳，可暗使。'又曰：'有钱可使鬼。'凡今之人，惟钱而已。故曰：军无财，士不来；军无赏，士不往；仕无中人，不如归田；虽有中人而无家兄，不异无翼而欲飞，无足而欲行。"

面
Obverse

No 36.
宋 Song period
高 Height: 68mm
宽 Width: 61mm

Jin Yu Man Tang (A hall full of gold and jade)

金玉满堂

老子曰："持而盈之不如其已；揣而锐之不可长保；金玉满堂莫之能守；富贵而骄，自遗其咎。功遂身退，天之道。"

另有长命富贵背犀牛望月钱，可视为一对。见No 24。

背
Reverse

Moon in cloud and rhinoceros surrounded by waves

犀牛望月

《关尹子·五鉴》："譬如犀牛望月，月形入角，特因识生，始有月形，而彼真月，初不在角。"陈继儒《太平清话》卷四："吕东莱畜犀带一围，文理缜密，中有一月影，过望则见，盖犀牛望月之久，故感其影于角。"

面
Obverse

No 37.
宋 Song period
高 Height: 64mm
宽 Width: 58mm

Jin Yu Man Tang (A hall full of gold and jade)

金玉满堂

厉鹗（1692–1752），字太鸿，号樊榭，浙江杭州人氏。清康熙五十九年（1720）举人。其诗取法宋人，清淡娴雅，幽新隽妙，尤长五言，是雍正乾隆时期宋诗派的代表作家。他在《樊榭山房集》卷四中提到："汪为山亦赠予厌胜钱拓本，文曰金玉满堂，篆书。面有双龙绕之，上有柄，作片云形。大，径二寸。续装于册，更为赋诗。"（诗见右页。）

背
Reverse

Two *Chi* dragons

双螭

金玉满堂语，见之老氏书。所贵在能守，盈缩相乘除。胃脯或连骑，舐痔乃得车。
夤缘走权要，极意为佃渔。转瞬领军屋，锁涩集夔魖。得失郑人梦，此足发轩渠。
钱环篆四字，宇偃披薤如。善祝兼寓规，陈义难龃龉。片云抱廓外，山气郁不舒。
日冠月有珥，阴噐纷腾挐。水衡骇未睹，诗客何由储。纸劳脱轻影，一再结相于。
故人意不浅，缅想溯物初。不贪永为宝，无悔亦无誉。

手雕、鎏金
Hand-carved and gilded

No 38.
唐 Tang period
径 Diameter: 49mm

Jin Yu Man Tang (A hall full of gold and jade)

金玉满堂

背
Reverse

Floral design

花草

面
Obverse

No 39.
明 Ming period
径 Diameter: 25mm

Wei Wu Zhi Zu (I am the only one who is content)

唯吾知足

宋代王钦若等撰《册府元龟》，其卷七百八十五为《守道·知足》篇："夫知足不辱，知止不殆，老氏之训也。故大雅明哲之士，乃能察盈虚之理，蹈卑约之戒，使其任不逾量，居常远祸，克保身吉，而终无祇侮焉。至乃辞婚当途，移疾避位，用清白为家法。故不益田庐，谓赢余为自苦。故不须富贵，逮乎妨贤窃禄之媿。发于话言、怀田、述志之乐，形于赋咏，斯皆究易象知退之旨，识天道亏盈之意。寡欲易足，不忮不求，内全节而无苟世。闻风而竞，劝其淑人之令范欤。"

背
Reverse

Plain reverse

素背

The inscription of this coin may be interpreted in two ways: *I am the only one who is content* ("唯吾知足") and *It is enough that I am the only one who knows* ("唯吾知，足"). The former interpretation is preferred here in this book, for it corresponds well to a traditional belief that a wise man is always content with what he gets and that he knows when to stop and quit. The latter interpretation is preferred by those who believe that this charm is the membership token of a secret society.

No 40.
辽 Liao period
径 Diameter: 52mm

Qu Xie Bi E
(Drive away evil spirits)

驱邪辟恶

Snake, tortoise, stars and sword

蛇、龟、星、剑

No 41.
元 Yuan period
高 Height: 66mm
宽 Width: 64mm

Taoist star incantations
(*Tian Gang Zhou*)

天罡咒

天罡天罡，
斩邪灭亡。
吾有令剑，
斩鬼不存。
急急如律令，
上清摄。

Taoist heaven incantations
(*Shen Qing Zhou*)

神清咒

神清神清，
捉鬼降妖。
此符到处，
灭鬼不存。
急急如律令，
雷霆摄。

No 42.
唐 Tang period
径 Diameter: 28mm

Obverse: *Yin Yang Shen Ling*
(Drive away evil spirits)

面：阴阳神灵

Reverse: Plain reverse

背：素背

李佐贤云："阴阳神灵，课钱。次背星月。考黄瑜《双槐岁抄》，仝寅学易，占断奇中。英庙北狩，阴遣使问寅，筮得乾之初九，奏曰大吉。英庙复辟，将官寅。固辞。乃命工铸阴阳神灵四字为筮钱十八文，以赐寅。考有背'课命'二字者、左右日月者、上星下月者，所见不一，未必皆英宗所铸。然为明时筮卜钱无疑。"

清人张崇懿撰有《钱志新论》一书，卷二十云英宗铸阴阳神灵钱十万以赐仝寅。故李氏所云十八枚恐为十万枚之误。

关于卜钱，唐代诗歌中时有提及。杜甫清明诗云：

朝来新火起新烟，
湖色春光净客船。
绣羽衔花他自得，
红颜骑竹我无缘。
胡童结束还难有，
楚女腰肢亦可怜。
不见定王城旧处，
长怀贾傅井依然。
虚沾周举为寒食，
实借君平卖卜钱。
钟鼎山林各天性，
浊醪麤饭任吾年。

No 43.
唐 Tang period
径 Diameter: 29mm

Obverse: *Yin Yang Shen Ling*
(Drive away evil spirits)

面：阴阳神灵

Reverse: Star and moon

背：星、月

《淮南子·本经》：

天地之大，可以矩表识也；星月之行，可以历推得也；雷震之声，可以鼓钟写也；风雨之变，可以音律知也。是故大可睹者，可得而量也；明可见者，可得而蔽也；声可闻者，可得而调也；色可察者，可得而别也。夫至大，天地弗能含也；至微，神明弗能领也。

面
Obverse

No 44.
清 Qing period
径 Diameter: 42mm

Om mani padme hum (Sanskrit, 'Om, jewel of the lotus, hum')

唵嘛呢叭咪吽

背
Reverse

Assorted treasures

杂宝

No 45.
清 Qing
34mm

Wu Ri Wu Shi
(The twelfth hour on the fifth day)

五日午时

The Five Poisonous Creatures
(Tiger, centipede, toad, spider and snake)

五毒

No 46.
明 Ming
49mm

Wu Ri Wu Shi
(The twelfth hour on the fifth day)

五日午时

The Five Poisonous Creatures
(Tiger, centipede, toad, spider and snake)

五毒

No 47.
清 Qing
69mm

Wu Ri Wu Shi
(The twelfth hour on the fifth day)

五日午时

The Five Poisonous Creatures
(Tiger, centipede, toad, spider and snake)

五毒

No 48.
清 Qing
49mm

Fu Gui Chang Le
(Wealth, hor our, prosperity, happiness)

富贵昌乐

The Five Poisonous Creatures
(Tiger, centipede, toad, spider and snake)

五毒

面
Obverse

No 49.
明 Ming period
径 Diameter: 62mm

Floral design

花草

查吕毖辑《明宫史·饮食好尚》："五月。初一日起至三十日，宫眷内臣穿五毒艾虎补子蟒衣。门两傍安菖蒲艾盆，门上悬挂吊屏，上画天师或仙子仙女执剑降五毒故事，如年节之门神焉。初五日午时，饮朱砂雄黄菖蒲酒，吃粽子，吃加蒜过水面，赏榴花，佩带艾叶，合诸乐画治病符圣，驾幸西苑，看龙舟划船，或幸万岁山前插柳，看御马监勇士跑马走解。夏至伏日，戴草、麻子叶、长命菜，即马齿苋也。"

背
Reverse

The Five Poisonous Creatures (Tiger, centipede, toad, spider and snake)

五毒

康熙朝监察御史姚之骃撰《元明事类钞·衣冠门》："五毒红纱：《经济录》'江南巡抚疏劾中官王敬，需索珍宝，组织彩妆、五毒红纱，难以数计。'夫五毒者，艾虎、蜈蚣、虾蟆、蛇、蝎也。以此织为衣，午节用之，谓可辟邪。而其实不祥，顾乃暴殄天物，虐害蒸民如此。"

本书另有五毒钱数枚，散见No 59，No 65，No 199，No 219和No 237。

No 50.
清 Qing
45mm

Be the first-class winner of the imperial examination and write like *Kui Xing* (the patron god of good writing)

魁星点斗，独占鳌头

Zhuang Yuan Ji Di Yi Pin Dang Chao
(First-class winner of the imperial examination and highest ranking court official)

状元及第，一品当朝

No 51.
清 Qing
45mm

Sampans, birds, clouds and setting sun

舢板、飞鸟、晚霞、夕阳

Shun Feng Dai Ji Man Zai Er Gui
(Great fortune with favourable winds and good catch upon return)

顺风大吉，满载而归

此钱的画面很有意境：近帆、远山、江鸟、斜阳，舟中渔人，或许正在晚炊？每观此钱，总是想起小时在燕子矶上，面对一望无际的江水，心中所生的那种旷怡与怅然。

No 52.
清 Qing
47mm

Harmony and fulfilled wishes

和合如意

Zao Sheng Gui Zi Lian Zhong San Yuan
(Give birth early to an honourable son, who will pass the three examinations consecutively)

早生贵子，连中三元

No 53.
清 Qing
45mm

Harmony, double happiness and treasures

和合双喜

Zhuang Yuan Ji Di Wu Zi Deng Ke
(Five sons pass examinations and become the first-class winner of the imperial examination)

状元及第，五子登科

No 54.
清 Qing
48mm

Great wealth and honour all the way

一路荣华富贵

Chang Ming Fu Gui Jin Yu Man Tang
(Longevity and a hall full of gold and jade)

长命富贵，金玉满堂

No 55.
清 Qing
48mm

Monkey offering a peach

金猴献寿

He He Ru Yi Fu Shou Shuang Quan
(Harmony and fulfilled wish, fortune and longevity both achieved)

和合如意，福寿双全

No 56.
清 Qing
45mm

Liu Hai (the patron god of wealth) and the three legged gold toad

刘海戏金蟾

Chang Ming Fu Gui Jin Yu Man Tang
(Longevity and a hall full of gold and jade)

长命富贵，金玉满堂

No 57.
清 Qing
44mm

Foreigner and lion show

胡人舞狮

Zhao Cai Jin Bao Huang Jin Wan Liang
(Attract wealth and invite treasures, ten thousand taels of gold)

招财进宝，黄金万两

No 58.
清 Qing
55mm

Yi Lu Rong Hua Fu Gui
(Great honour and abundant wealth all the way)

一路荣华富贵

Chang Ming Fu Gui Jin Yu Man Tang
(Longevity and a hall full of gold and jade)

长命富贵，金玉满堂

No 59.
清 Qing
45mm

Qu Xie Jiang Fu
(Drive away evil spirits and invite good fortune)

驱邪降福

The five poisonous creatures
(Tiger, centipede, toad, spider, snake)

五毒

No 60.
清 Qing
52mm

Zhuang Yuan Ji Di
(Be the top graduate of the imperial examination)

状元及第

Fu Lu
(Good fortune and official salary)

福鹿

No 61.
清 Qing
54mm

Zhuang Yuan Ji Di
(Be the top graduate of the imperial examination)

状元及第

Wu Zi Deng Ke
(Five sons pass the examinations)

五子登科

No 62.
清 Qing period
径 Diameter: 53mm

Ping An Ji Qing
(Peace, luck and happiness)

平安吉庆

Give birth early to honourable sons.

必定早生贵子，
喜鹊登枝

No 63.
清 Qing period
径 Diameter: 50mm

Yi Ben Wan Li
(One investment and ten thousand folds of return)

一本万利

Shun Feng
(Favourable wind)

顺风

Peace, luck and happiness. Great luck with favourable winds.

平安吉庆
顺风大吉

No 64.
清 Qing period
径 Diameter: 53mm

Chang Ming Fu Gui
(Longevity, wealth and honour)

长命富贵

Jin Yu Man Tang
(A hall full of gold and jade)

金玉满堂

No 65.
清 Qing period
径 Diameter: 50mm

Qu Xie Bi E
(Drive away evil spirits)

驱邪辟恶

The five poisonous creatures
(Tiger, centipede, toad, spider and snake)

五毒

面
Obverse

No 66.
明 Ming period
径 Diameter: 52mm

Shou Tian Zhi Hu (Blessed by heaven)

受天之祜

《诗经·大雅·下武》

昭兹来许，绳其祖武。于万斯年，受天之祜。

背
Reverse

Sui Yi Duo Fu (Great fortunes arrive)

绥以多福

《诗经·臣工之什·载见》

载见辟王，曰求厥章。龙旗阳阳，和铃央央，鞗革有鸧，休有烈光。率见昭考，以孝以享，以介眉寿。永言保之，思皇多祜。烈文辟公，绥以多福，俾缉熙于纯嘏。

铸样
Pattern coin

No 67.
清 Qing period
径 Diameter: 50mm

Di De Ru Tian (The emperor's kindness is as profound as heaven)

帝德如天

背
Reverse

Chen Xin Si Shui (The court official's heart is as clear as water)

臣心似水

铸样
Pattern coin

No 68.
清 Qing period
径 Diameter: 49mm

Tian Yu Jue Fu (Great fortune awarded by heaven)

天与厥福

《鲁相韩敕造孔庙礼器碑》（永寿二年）

神灵佑诚，竭敬之报。天与厥福，永享牟寿。

背
Reverse

Qi De Nai Chang (Kindness brings prosperity)

其德乃昌

No 69.
清 Qing period
径 Diameter: 41mm

Jun Qi Fang Zheng
(Fair, balanced, square and upright)

均齐方正

Qi Jia Zhi Guo
(Lead the family and manage the country)

齐家治国

No 70.
清 Qing period
径 Diameter: 41mm

Sheng Shi Liang Min
(Good citizen in a prosperous world)

盛世良民

An Jü Le Ye
(Live peacefully and work happily)

安居乐业

No 71.
清 Qing period
径 Diameter: 60mm

Yi Pin Dang Chao
(Be the highest court official)

一品当朝

Dragon and phoenix

龙凤

No 72.
清 Qing period
径 Diameter: 59mm
厚 Depth: 5mm

Fu Gui Shuang Quan
(Wealth and honour both achieved)

富贵双全

Kang Ning
(Well-being and tranquility)

康宁

面
Obverse

No 73.
明 Ming period
径 Diameter: 53mm

Shou Tian Bai Lu (All the blessings from heaven)

受天百禄

《诗·小雅·天保》

天保定尔，亦孔之固。俾尔单厚，何福不除？俾尔多益，以莫不庶。
天保定尔，俾尔戬穀。罄无不宜，受天百禄。降尔遐福，维日不足。
天保定尔，以莫不兴。如山如阜，如冈如陵，如川之方至，以莫不增。

背
Reverse

Dragon and phoenix

龙凤

《诗·小雅·天保》

吉蠲为饎，是用孝享。禴祠烝尝，于公先王。君曰卜尔，万寿无疆。
神之吊矣，诒尔多福。民之质矣，日用饮食。群黎百姓，遍为尔德。
如月之恒，如日之升。如南山之寿，不骞不崩。如松柏之茂，无不尔或承。

康熙万寿盛典图绘长卷
细部，古北口大粮庄头戏台。
北京故宫博物院藏品。

鹤鹿同春钱
Bathing in Spring with Crane and Deer

下页收录吉语铜钱一枚，面对读“鹤鹿同春”，钱背左旋读“曰富曰贵曰康宁”七字，二〇〇〇年我在伦敦的时候购自香港。此钱书体沉稳，略带魏意。该钱浆色金黄，铜质细密，钱体压手。另外，是钱地章隆起，内穿精修，钱径实测47毫米，厚3.2毫米。

查清代梁章钜《楹联丛话》卷二，康熙六旬寿诞时，应制对联一幅书悬于般若庵经棚：

周雅赓歌如山如川如日月，
箕畴敛福曰富曰贵曰康宁。

细观此钱，缘穿规矩，官铸无疑。其祝寿意及文字均与上联同，莫非康熙六旬寿诞时所铸耶？若此，当另有一鹤鹿同春钱，背旋读“如山如川如日月”，与之为对。然迄今尚未见也。

《楹联丛话》又云：“楹联之为应制作者，昉与前明嘉靖时。然如袁文荣、夏贵溪所撰斋醮对联，传者不过一二，而浮夸之辞，无当大雅。自康熙、乾隆年间，两次编辑《万寿盛典》，皆有图绘一门，楹联附焉。而殿廷诸联，尤足以铺鸿。藻申景烁，润色洪业，鼓吹承平，自有楹联以来，未有如此之盛者。”

二〇〇五年十一月，英国皇家美术学院（Royal Academy of Arts）举办了一次中国特展，“盛世华章”，由中国国家主席胡锦涛和英国女王伊丽莎白二世共同剪彩。这次展览由投资银行高盛赞助，是北京故宫博物院珍品在中国境外展出有史以来规模最大的一次。400余件珍品包括了康熙（1662－1722），雍正（1723－1735）和乾隆（1736－1795）时期的宫廷绘画、书画、玉器、青铜器、瓷器、漆器、皇袍、宫用家具、西洋仪器和大典盔甲等等。皇家艺术学院还从大英博物馆、维多利亚和阿尔伯特博物馆（Victoria & Albert Museum）以及大英图书馆的藏品挑选了一部分艺术品。

我从香港飞巴黎，然后转飞伦敦。一到希思罗机场就直接去了皇家美院，和好友托尼·默森一同参观了展览。其中展有康熙六十大寿时宫廷画师绘制的庆典长卷，达三十七米（即《楹联丛话》中提及的万寿盛典图绘门）。左页所录即为其中一景。据图中记载，景点为古北口大粮庄。图中戏台两侧可见对联一副：

舜日长辉共发衢歌巷舞，
尧天永戴咸登人寿年丰。

兹选录康熙六十寿典对联一些如下：

文德武功兼帝王而大备，
心宗性学贯圣智以纯全。

辇道风清葭管万年调玉露，
瑶池春暖华灯五夜澈琼霄。

沸地笙镛耽凤和鸣占景运，
弥天烟霭青鸾翔舞识祯符。

算永东华若木光腾春九十，
祥开南极蟠桃花放岁三千。

敷天长戴仁天知后天之不老，
大地同游乐地真应地以无疆。

十雨五风处处康衢歌帝力，
千秋万岁年年华渚耀神光。

铸母
Mother coin

No 74.
清 Qing period
径 Diameter: 47mm

He Lu Tong Chun (Bathing in spring with crane and deer)

鹤鹿同春

背
Reverse

Yue Fu Yue Gui Yue Kang Ning (Fortune, honour and tranquility)

曰富曰贵曰康宁

机制
Machine milled

No 75.
民国 Republican period
径 Diametert: 42mm

Wan Nian Yong Bao (Perpetual currency for ten thousand years)

万年永宝

背
Reverse

Zhen Shou (Chastity and longevity)

贞寿

民国二十四年十月
家慈施太夫人八秩晋二贞寿
蔡钦孔率男灏、演、根源，孙树森、树棠制赠

October, 24th Year of the Republic (1935 AD)
Commemorating the chastity and longevity of 82 years for my mother, Lady Shi
Made and presented by Cai Qinkong with sons Hao, Yan and Gengyuan, and grandsons Shusen and Shutang

王文沼雕板
施主李知順
大隨求陁羅尼
若有受持此神呪者所
在得勝若有能書寫帶
在頭者若在臂者是人
能成一切善事最勝清
淨常為諸天龍王之所
擁護又為諸佛菩薩之
所憶念此神呪能與衆
生最勝安樂不為夜叉
羅剎諸鬼神等為諸惱
害亦不為寒熱等病之
所侵損厭蠱呪咀不能
為害先業之罪受持消
滅持此呪者常得安樂
無諸疾病色相熾盛圓
滿吉祥福德增長一切
呪法皆悉成就
若有人受持供養切
宜護淨　太平興國五
年六月二十五日雕
板畢手記

钱文钱
Charms with Coin Inscriptions

钱文钱有明确的年号，比如说崇宁重宝，或有明确的币值。它们可分两类：官铸和民铸。一般来说，官铸品受欢迎的程度比民铸品要高许多。

钱文钱早在汉代就已经出现了（如No 76），但存世大多为清朝的铸品。从它们的铸制目的来看，可分为镇库（如No 109）、开炉（如No 107）、上梁、挂灯、纪念（Nos 91–92，No 108）等几大类。但镇库钱少，开炉钱难辨，而所谓的挂灯钱可能就是直径稍大的行用钱。所以，目前最主要的钱文钱为年号太平钱（Nos 97–104）。它们面为年号，如"乾隆通宝"，背面铸有"天下太平"四字。目前存世见有乾隆、嘉庆、道光、咸丰、同治、光绪这六种。黄鹏霄所编《故宫清钱谱》也刊有宣统通宝背天下太平者，但所见传世品的真伪均有争议。

根据鲍康所著的《大钱图录》一书，年号太平钱为历代皇帝登基时所铸，用于奉先殿中的包袱四角上，故也称"包袱钱"。此外，有年号背八卦钱，也有面"天下太平"背八卦钱（Nos 105–106），从钱文风格看有道光、咸丰、光绪时的铸品，也是官铸，比较少见。

Charms with coin inscriptions refer to those with either reign titles, such as The Currency of Chong Ning, or denominations. Such pieces fall into two major categories: official issues and non-official issues. As a general rule, official issues are more collectable than the other group.

Officially issued charms with coin inscriptions are commonly those produced during the Qing Dynasty though older pieces from earlier dynasties still exist (Nos 76–85). They can be categorised according to their primary function as follows: vault protectors (*Zhen Ku Qian*, No 109), furnace protectors (*Kai Lu Qian*, No 107), beam protectors (*Shang Liang Qian*), lantern protectors (*Gua Deng Qian*) and commemorative issues (Nos 91 and 92).

While these three groups are hard to find or recognise nowadays, there remain another group that are still common and yet highly collectable amongst collectors. They typically have the reign title on the obverse and the auspicious inscriptions Peace under Heaven (*Tian Xia Tai Ping*) on the reverse. See Nos 97–104. Existing specimens carry reign titles of Qian Long, Jia Qing, Dao Guang, Xian Feng and Guang Xu. They were said to be made as part of the coronation ceremony for use in the Ancestral Temple as drapery weights (*A Pictorial Catalogue of Big Cash* by Bao Kang). They are therefore called "drapery protectors".

大随求陀罗尼神咒经。敦煌彩印。
宋太平兴国五年，公元九八〇年。大英图书馆藏。
Dunhuang Buddhist scripture. Ink and colours on paper. 980 AD.

No 76.
汉 Han period
21mm

Wu Zhu
(Five *zhu*)

五铢

Yi Gong Zi Sun
(Protective of children and grandchildren)

宜拱子孙

No 77.
宋 Song period
53mm

Da Quan Wu Shi
(Big coin of 50 cash)

大泉五十

Dragon and phoenix

龙凤

Yong Tong Wan Guo
(Circulating for ever in ten thousand countries)

永通万国

No 78.
北周 Northern
Zhou period
30mm

Snake, tortoise, sword and the Big Dipper

蛇、龟、剑、北斗

Zhou Yuan Tong Bao
(Currency of the Zhou Yuan reign)

周元通宝

No 79.
南唐 Southern
Tang period
27mm

Dragon and phoenix

龙凤

No 80.
辽 Liao period
径 Diameter: 47mm

Tai Ping Tong Bao
(Currency of the Tai Ping reign)

太平通宝

Fire pearl, mountains, dragon and phoenix

火珠、寿山、龙、凤

No 81.
宋 Song period
径 Diameter: 33mm

手刻
Hand-engraved

Chong Ning Zhong Bao
(Currency of the Chong Ning reign)

崇宁重宝

A hand-engraved scene from a classical story about a python-disguised wife fighting for her dying husband with a Buddhist monk in a bid to suppress her.

Probably Ming period engraving.

水漫金山

明刻

No 82.
元 Yuan period
径 Diameter: 51mm

Tai He Zhong Bao
(Currency of the Tai He reign)

泰和重宝

Coral branches

珊瑚枝

一九八一年七月，宁夏回族自治区银川南环城路外出土有金代、元代年号和国号的花钱共46枚，同出的有铜洗和与明代城砖相同的灰色长条砖。

金代年号花钱21枚，面篆书“泰和重宝”，大小、钱传、轮廓一致，径44毫米，外廓宽1.5毫米，内廓宽1毫米，郭厚3毫米，方穿径12毫米。记有合面、珊枝承盖纹、星角承盖纹、双角纹、十子双版纹、珊枝纹、面背四出珊枝承枝纹等。

元代国号花钱25枚，面文八思巴文“大元通宝”，背有素背、四出、双角、四出卷云钱纹、粟角卷纹。

另有素背花钱，面四决方胜鱼圆环纹、云纹、四出双版圆环纹。

No 83.
元 Yuan period
44mm

Tai He Zhong Bao
(Currency of the Tai He reign)

泰和重宝

Four hares

四兔

No 84.
元 Yuan period
44mm

Tai He Zhong Bao
(Currency of the Tai He reign)

泰和重宝

Birds on branches

喜鹊登枝

手雕、泥金、画朱
Hand-carved, gilded and coloured with vermilion

No 85.
元 Yuan period
径 Diameter: 53mm

Tai He Zhong Bao (Currency of the Tai He reign)

泰和重宝

背
Reverse

Silver tablets

银板

宋代叶庭珪撰有《海录碎事》一书，其卷十上《帝王部》录有王禹玉雪诗一句：

“芝封诏墨春生润，绮结宫钱夕带阴。”

铸母、手刻、鎏金
Hand-engraved and gilded

No 86.
清 Qing period
径 Diameter: 48mm

Zheng De Tong Bao (Currency of the Zheng De reign)

正德通宝

背
Reverse

Dragon and phoenix

龙凤

No 87.
清 Qing period
径 Diameter: 34mm

乾隆通宝，背万年天子
Qian Long Tong Bao (Currency of Qian Long)
Wan Nian Tian Zi (Son of heaven for ten thousand years)

No 88.
清 Qing period
径 Diameter: 27mm

嘉庆通宝，背天子万年
Jia Qing Tong Bao (Currency of Jia Qing)
Tian Zi Wan Nian (Son of heaven for ten thousand years)

No 89.
清 Qing period
径 Diameter: 25mm

道光万年，背大清一统
Dao Guang Wan Nian (Dao Guang reigns for ten thousand years)
Da Qing Yi Tong (The great unified Qing empire)

No 90.
清 Qing period
径 Diameter: 27mm

咸丰通宝，背天子万年
Xian Feng Tong Bao (Currency of Xian Feng)
Tian Zi Wan Nian (Son of heaven for ten thousand years)

No 91.
清 Qing period
径 Diameter: 28mm

光绪通宝，背一统万年
Guang Xu Tong Bao (Currency of Guang Xu)
Yi Tong Wan Nian (Unified for ten thousand years)

No 92.
清 Qing period
径 Diameter: 29mm

嘉庆万年，背福寿
Jia Qing Wan Nian (Jia Qing for ten thousand years)
Fu Shou (Fortune and longvevity)

No 93.
清 Qing period
径 Diameter: 27mm

嘉庆通宝，背福
Jia Qing Tong Bao (Currency of Jia Qing)
Fu (Fortune)

No 94.
清 Qing period
径 Diameter: 27mm

嘉庆通宝，背寿
Jia Qing Tong Bao (Currency of Jia Qing)
Shou (Longevity)

No 95.
清 Qing period
径 Diameter: 27mm

嘉庆通宝，背康
Jia Qing Tong Bao (Currency of Jia Qing)
Kang (Benevolence)

No 96.
清 Qing period
径 Diameter: 27mm

嘉庆通宝，背宁
Jia Qing Tong Bao (Currency of Jia Qing)
Ning (Tranquility)

铸母（细字版）
Mother coin (thin-stroke issue)

No 97.
清 Qing period
径 Diameter: 37mm

Qian Long Tong Bao (Currency of the Qian Long reign)

乾隆通宝

年号太平钱在清代为皇室宗庙奉先殿中所用。鲍康《大钱图录》云："奉先殿上所用各袱四角皆坠此钱。遇列圣升袱时，则更易新建元所铸者。"当然，所铸并非仅此用途。天下太平钱在明代的皇家仪仗中也有所使用："响节十二对。贴金攒竹竿，带铁条，共长一丈二寸五分。内铁条至顶，长一尺二寸五分，贯铜钱十二，黄罗为衣笼之。销金为饰，升龙云文。顶以木为之，用贴金，其铜钱文天下太平。"但钱上铭文估计没有年号。待考。

背
Reverse

Tian Xia Tai Ping (Peace under heaven)

天下太平

清宫藏有明万历漆雕大盒，上饰有天下太平钱，可见天下太平宫钱在明代就有了，清代只是沿用其制而已。乾隆帝把玩之余，制诗《咏万历雕漆太平盒》一首如下：

龙擎天下太平钱，盒识犹看金字镌。溺爱出藩为争地，疎情前席已多年。
鸳班空半诚奇矣，鸿业忘全更甚焉。驯致明亡是谁咎，对斯宁不面赪然。

粗字版
Thick-stroke issue

No 98.
清 Qing period
径 Diameter: 63mm
厚 Depth: 6mm

Jia Qing Tong Bao (Currency of the Jia Qing reign)

嘉庆通宝

和乾隆太平钱一样，嘉庆通宝背天下太平钱分为细字、正字和粗字三版。此处所录即为粗字版。另外，曹永利先生所著《中国古钱名珍谱》中刊有嘉庆太平钱细字阔缘版大钱一种，钱径达84毫米，惜未曾见过实物或照片。

背
Reverse

Tian Xia Tai Ping (Peace under heaven)

天下太平

该钱体涂有朱铜色。本书第152页录有天下太平镇库钱一枚，嘉庆版，钱体亦涂有朱铜色。第142页所录咸丰太平钱也是如此。所以，天下太平宫钱似乎有涂色的规矩。再结合98–101页这几枚钱来看，精铸钱似均如此。当今一些清代宫钱爱好者，喜欢刻意将藏品盘磨至黄亮，以显其“皇家气派”，实误也。

铸母
Mother coin

No 99.
清 Qing period
径 Diameter: 38mm

Dao Guang Tong Bao (Currency of the Dao Guang reign)

道光通宝

中国古代铸币，分祖钱（或称雕母）、母钱、子钱（或称制钱）三种。此处为母钱。《皇朝文献通考·钱币考四》卷十六：“凡铸钱之法，先将净铜錾凿成重二钱三分者，曰祖钱；随铸造重一钱六七分不等者，曰母钱；然后印铸制钱。”

此钱笔画瘦挺、刀錾剑凿，尽现清人精悍书风。

背
Reverse

Tian Xia Tai Ping (Peace under heaven)

天下太平

江永（1681–1762），字慎修，婺源（今属江西）人氏，著名学者和教育家，精考证及音韵，为皖派的奠基人。他在《礼书纲目》一书中说：

“诸侯附于德，服于义，则天下太平。”

铸样
Pattern coin

No 100.
清 Qing period
径 Diameter: 41mm

Dao Guang Tong Bao
(Currency of the Dao Guang reign)

道光通宝

Tian Xia Tai Ping
(Peace under heaven)

天下太平

No 101.
清 Qing period
径 Diameter: 44mm

Xian Feng Tong Bao
(Currency of the Xian Feng reign)

咸丰通宝

Tian Xia Tai Ping
(Peace under heaven)

天下太平

铸样（宝巩局）
Pattern coin (Shaanxi Mint issue)

No 102.
清 Qing period
径 Diameter: 39mm

Xian Feng Zhong Bao (Currency of the Xian Feng reign)

咸丰重宝

《皇朝文献通考·钱币考四》曰："每遇更定钱制，例先将钱式进呈其直省。开局之始，亦例由户局先铸祖钱、母钱及制钱各一文，颁发各省，令照式鼓铸云。"

由此可见，所谓样钱有三种：一为进呈的设计样，一为下发的铸制标准样，再一为铸后上缴的质量检查样。

背
Reverse

Tian Xia Tai Ping (Peace under heaven)

天下太平

样钱下发各地钱局，照样铸制，然后上呈备验，这样的制度明代已有之。据《浙江通志·钱法》记载，“《续文献通考》：万历四年，题准通行十三布政司南北直隶开局铸钱。每府发旋边样钱一百文，照式铸造呈样。”

铸样（缶宝版）
Pattern coin

No 103.
清 Qing period
径 Diameter: 41mm

Xian Feng Tong Bao (Currency of the Xian Feng reign)

咸丰通宝

有关样钱的记载可见于宋代文献。宋人章如愚编有《群书考索后集》，其卷六十云："大观二年，开封尹兼提举京畿钱监宋乔年言：检准近降朝旨，诸路钱监见铸大观小平钱，并依旧料例，仍令崇宁监别铸样。臣今勒崇宁东监工匠，铸到锡母五文足、乌背铜样钱五文足、漉铜样钱五文足。纽计到逐等本钱内，乌背钱五文足，漉铜样钱五文有零。"

背
Reverse

Tian Xia Tai Ping (Peace under heaven)

天下太平

关于宋代的样钱，明代胡我琨所著的《钱通》也在卷二十一中记载："[秦桧]谕之曰：适得旨，欲变钱法，可铸样钱一缗进呈。"另外，宋代也有"钱样"之称，但有别于铸前样钱，乃铸后新样，用于赏赐和昭示天下。宋太宗赵光义曾御书淳化元宝，有楷、行、草三体。铸成后，以钱样数贯赏赐学士院。

铸样
Pattern coin

No 104.
清 Qing period
径 Diameter: 43mm

Tong Zhi Tong Bao (Currency of the Tong Zhi reign)

同治通宝

目前最早的样钱记载，来自有关唐代开元通宝的文献。元马端临《文献通考·钱币考一》曰："高祖初入关，民间行线环钱。其制轻小，凡八九万才满半斛。乃铸开元通宝。其文给事中欧阳询制词及书，时称其工字含八分及篆隶三体。其词先上后下，次左后右读之。自上及左回环读之，其义亦通。流俗谓之'开通元宝'钱。郑虔《会粹》云，询初进蜡样日，文德皇后掐一甲迹，故钱上有掐文。"

背
Reverse

Tian Xia Tai Ping (Peace under heaven)

天下太平

有一种观点认为，“开元通宝”实际上应该读“开通元宝”。明代的周祈在《名义考·物部》中说：“唐钱率曰开元通宝。予语人，当曰开通元宝，人多未之信……吕东莱曰：自汉至隋，惟五铢之法不可易；自唐至五代，惟开通之法不可易。《龙川略志》：苏辙至京师上书，王介甫问铸钱，对曰：唐开通钱最善。凡此皆可证……予家藏杜佑《通典》，皆云开通。今新刻本皆云开元，末学妄窜易也。”

铸母（道光版）
Mother coin (Dao Guang issue)

No 105.
清 Qing period
径 Diameter: 38mm

Tian Xia Tai Ping
(Peace under heaven)

天下太平

《大钱图录》载有光绪通宝背八卦一品，曰“案每遇修葺，各宫殿上梁时安置宝盒，盒中皆储此钱”。

The Eight Trigrams

八卦

No 106.
清 Qing period
径 Diameter: 45mm

咸丰版
Xian Feng issue

Tian Xia Tai Ping
(Peace under heaven)

天下太平

The Eight Trigrams

八卦

开炉钱
Furnace protector

No 107.
清 Qing period
径 Diameter: 56mm

Tian Xia Tai Ping
(Peace under heaven)

天下太平

Da Ji (Great luck)

大吉

“往昔宗教情绪较为热烈，每以为人神距离，咫尺不远。人间百事，均由神明于冥冥中操纵之，成败利钝，皆属神意。同时又以为钱是国家的重宝，铸钱的成败，是国运隆替的朕兆，故而铸钱的时候，必须虔诚祈求神佑。助其成功，绝对不敢冒昧行事。历代钱局，在鼓铸之先，必举行隆重的祭祀，执行人员，叩拜祈祷之后，才燃火冶炼。等到灌范时，奏乐鸣炮，大吹大擂，直到钱成出范而止。第一范出的钱都是特制的，钱上多半书有吉语，如开炉大吉、试铸大吉、百事如意、国泰民安、天子万年等。新钱磨洗清洁，即由主官捧赴神前，供于案上，而后大小员工一齐礼谢神灵，而后大吃大喝，大乐一阵，第二天才正式开工。开炉时所铸的钱，即所谓‘开炉钱’。一定是式样精致，雕刻美好，铜料优良。最重要的是大家都相信它是吉利之物，得到它即可以迎祥纳泰。所以成为雅俗共赏的珍品，重视为精美别致的开炉钱。”

蔡养吾
《中国古钱讲话》
417–418页

No 108.
清 Qing period
径 Diameter: 27mm

Tian Xia Tai Ping
(Peace under heaven)

天下太平

Tai Wan
(Taiwan)

台湾

镇库钱（嘉庆版）
Vault protector (Jia Qing issue)

No 109.
清 Qing period
径 Diameter: 61mm
厚 Depth: 11mm

Tian Xia Tai Ping (Peace under heaven)

天下太平

顾名思义，镇库钱乃钱库的钱形镇库之宝。明代御府内帑多以金银镇之。据记载，洪武八年所铸镇库银重达数百斤。永乐九年，北京节慎库以巨型金银元宝镇库，高逾一人，需以梯登之。万历四十五年有镇库银锭一枚，文曰“镇库宝银”，重五百两，北京庚子之乱时散失，现藏日本造币局。另据史料记载，明代御府尚有镇库金锭、金饼、金钱、金铤和金砖。金铤一面印江山之纹，一面印宸字，金砖两面则印有龙凤花纹。

背
Reverse

Plain reverse

素背

清代镇库，所见以铜钱为之，置于库房的神堂中。此处所录为天下太平素背镇库钱，传世见有数品，形制（包括大小及厚度）及书法风格皆异，乃不同时期的铸品。另见一种，面文“光绪通宝”，背满文“宝源”，亦厚大，从形制看也是镇库钱的一种，孙仲汇先生在《古钱鉴定小谈》一书中有所提及。明确铸有“镇库”二字者不多见。大英博物馆藏有一枚（BM Reg No: 1986-1-1-1），咸丰年间铸，面文上下对读“镇库”，背“宝源局造”。朱铜色，钱体大，厚度也是11毫米。

神仙瑞兽钱
Gods, Demigods and Auspicious Animals

真武像。杭州六和塔碑拓。明万历年间。
Zhen Wu. Ink rubbing of a stele from the Liu He Pagoda in Hangzhou. Ming period.

我的藏品中有一部分表现了神仙人物故事，本章节将其中一些罗列在一起。总体来说，这些故事钱不是很多见。它们表现了许多不同的历史故事和神话传说，而这些典故正在被迅速地忘却。

右页上是一幅唐代绘画，是敦煌遗书中的一部分，大英图书馆收藏。图上一只跪伏神兽，呲牙咧嘴，炯目圆睁，背披鬃毛，间有三山；图右有一官样人物，手执笔板，作书写状；图的下方有一串铜钱，用红绳穿着。整幅图好像是神兽在表述着什么，而站立的人物正在笔记。此图的一个解释，是大禹正在接受龙马传授的洛书。但是，也有学者认为此图所讲述的是另外一个故事，比如说伏羲感悟图形。也有学者认为所描述的是两个故事的混合。总之，众说纷纭。故事花钱也是这样，同一场面，有不同的解释；但可以想象，在铸造这些钱币的那个年代，故事所指是明白无误、毫无歧义的。

不管怎样，我们还是可以可靠地辨认其中一些主要的人物和故事。比如说经常出现的玄武和二郎（见Nos 110–117和Nos 121–126）。此外还有周处斩蛟和田真哭荆等故事（见No 126和No 127）。

其他一些场景就不好辨认了。比如说，Nos 117，119，120和122都有一面表现了数人立于水边，注视着水中一人，他双手背绑，抬头望着岸上的人。目前的一个说法是魏徵斩龙的故事。但此处为何是龙而非人？的确，有些花钱上是一头龙，双手背绑，跪于一官样人物面前，这样的钱可以毫无异议地解释为魏徵斩龙。另外，这一场景可能有佛教背景。Nos 119和120很清楚地显示所立之人为释家身份，特别是No 120，其背面为白马驮经图，是玄奘西天取经归来的典故。Nos 128和129为九曜图，佛教背景。

本章还收录了一些没有铭文的人物或瑞兽钱，以供读者欣赏和参考。

This chapter groups together some of the charms in my collection that have images of gods, demigods, or auspicious animals. Generally speaking, these charms are all scarce to find but represent a wide variety of themes with allusions to legends and historical events that are very quickly getting forgotten.

The coloured drawing on the facing page is a good example. It is amongst the Dunhuang collection at the British Library, dated to the 9th century. One interpretation is that it represents the legend that Emperor Fu Xi received the writings of the Luo River (*Luo Shu*) from a mythical dragon-horse. However, it has also been suggested that the painting may have a different allusion or allusions, open for us to interpret. The same is true for scenes represented on charms. It is reasonable to believe that at the time of casting, their allusions were obvious and unmistaken.

Nonetheless, we can still reliably identify some of the major gods and demigods while auspicious animals remain largely unmistakable. Frequent figures include Zhen Wu (or Xuan Wu, the Northern God, Nos 110–117) and *Er Lang* (Nos 121–126). There is also Zhou Chu, a historically recorded hero who slew an evil python (Nos 126 and 127).

Some other scenes cannot be identified very easily. Nos 117, 119, 120 and 122 all have a side that shows human figures standing on the shore looking at a bound figure in water. One suggestion is that the scene tells the story of Wei Zheng slaying the dragon. But then why a human figure in the water here rather than a dragon? There are indeed charms showing a bound dragon kneeling in front of an official and these can be readily accepted as representing the Wei Zheng story. It is also possible that the scene has a Buddhist connection since Nos 119 and 120 clearly show Buddhist monks, especially No 120, whose reverse represents a horse carrying Buddhist scriptures, a clear allusion to its Buddhist background.

Yu receiving the writings of the Luo River. Tang dynasty. 9th century A.D. Ink and colours on paper. H.45.5 cm, W.37.0 cm. (1919-0101-0.157).
禹收洛书传说图。敦煌彩绘。公元九世纪，纸本设色，高45.5厘米，宽37.0厘米。大英图书馆藏。

面
Obverse

No 110.
宋 Song period
径 Diameter: 75mm

Zhen Wu, the Northern God

真武

《明史》曰："北极佑圣真君者，乃元武七宿，后人以为真君，作龟蛇于其下。宋真宗避讳，改为真武。靖康初，加号佑圣助顺灵应真君。《图志》云，真武为净乐王太子，修炼武当山，功成飞升，奉上帝命，镇北方，被发跣足，建皂纛元旗。"

背
Reverse

Tai Shang Zhou (Taoist incantation)

《太上咒》

太上咒曰：天圆地方，六律九章。符神到处，万鬼灭亡。
急急如律令，奉敕，摄此符神灵。

No 111.
宋 Song period
径 Diameter: 59mm

Xuan Wu, the Northern God

玄武

Tai Shang Zhou
(Taoist incantation)

太上咒

太上咒曰：
天圆地方，
六律九章，
符神到处，
万鬼灭亡。
急急如律令，
奉敕，
摄此符神灵。

No 112.
元 Yuan period
高 Height: 65mm
宽 Width: 61mm

Obverse: Xuan Wu, the Northern God

面：玄武

Reverse: *Tai Shang Zhou* (Taoist incantation)

背：太上咒

太上咒曰：
天圆地方，
六律九章，
符神到处，
万鬼灭亡。
急急如律令，
奉敕，
摄此符神灵。

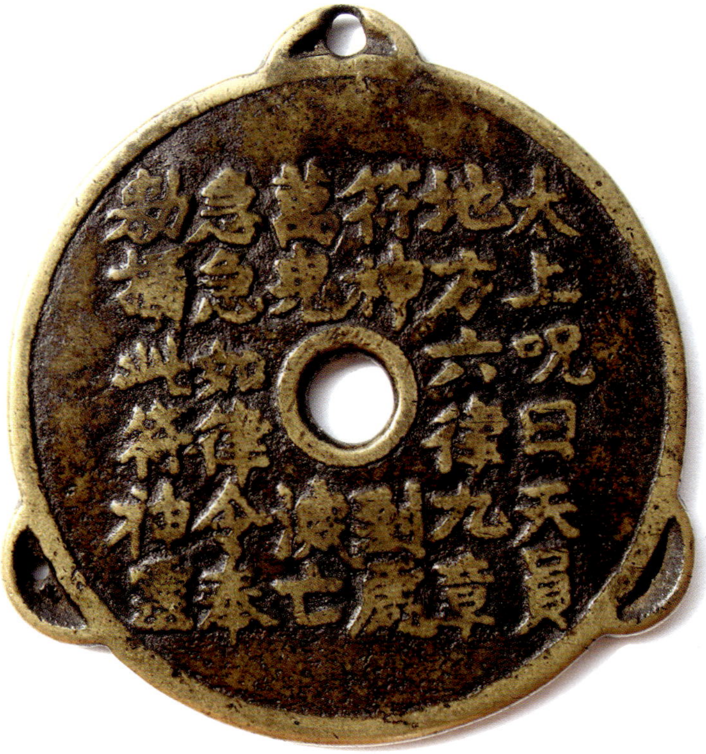

三耳咒钱，铜质暗黄，厚肉，地章略呈黑漆古，包浆润滑。元明时物也。仅见载于乾隆年间之《钦定钱录》卷十六：

“右太上咒字钱。道家有太上、太初、太始、太素、太清；诸名号按《云笈七籤》。太上者，太道君，诞于西那天麓察山、浮罗岳丹元之阿云云；其说至为虚诞。此钱称太上是也。背上书符，一人作叱鬼状，二人俯耳听命。外为三孔，取其可系用以作耳。”

No 113.
辽 Liao period
径 Diameter: 44mm
厚 Depth: 4mm

Xuan Wu, the Northern God

玄武

Two swords, tortoise and snake (symbolising Xuan Wu)

龟蛇双剑

No 114.
元 Yuan period
径 Diameter: 69mm

Obverse: Xuan Wu, the Northern God

面：玄武

Reverse: Two characters of the Taoist magic script; meaning unknown

背：符篆二字， 待考

“现传世的降魔钱，以明代故物为多。当时民间极喜建真武清醮。道场中悬真武神像，供以宝剑明镜，曲尺斗木。场外则建黑纛，挂天灯，并用纸绢竹木，扎成四元帅神像，力求高大，恒及丈余。并用大锣大鼓，号筒喷呐，奏起来十分威武。作法时，法官披黑裟、散发仗剑、踏罡步斗、翻跟斗、鸣法螺，还有四个行童执黑幡相随，并呐喊助威。整个过程，不啻一场歌舞，十分热闹生动。建醮的信士，每招戚迎友，一边吃喝，一边看醮，也确乎与观剧无异。法事圆满，道士便把供养魔钱，用红纸封着，写妥各个信士的姓名，分别赠送之。而信士们为讨吉利，皆乐于接受，另外施与通用的钱币，或是钱、钞等。”

蔡养吾
《中国古钱讲话》
427页

No 115.
宋 Song period
径 Diameter: 79mm

Xuan Wu, the Northern God

玄武

Tai Shang Zhou
(Taoist incantation)

太上咒

太上咒曰：
此符神从官三十五人。
天圆地方，
六律九章，
符神到处，
万鬼灭亡。
急急如律令，
家藏佩带，
日诵七遍。

No 116.
元 Yuan period
径 Diameter: 58mm

Zhen Wu, the Northern God

真武

Crane, tortoise, immortal and attendant

鹤、龟、仙人、侍者

面
Obverse

No 117.
辽 Liao period
径 Diameter: 61mm

Xuan Wu, the Northern God, riding on a horse

玄武

背
Reverse

Four figures, unidentified

四人，待考

手雕
Hand-carved

No 118.
辽 Liao period
径 Diameter: 57mm

Sha Gui Yin Zhuo Gui Yin (Seal to suppress ghosts, seal to catch ghosts)

煞鬼印、捉鬼印

背
Reverse

Unknown Taoist script character and an unknown god (believed to be Zhang Tian Shi)

黑煞

吴任臣撰《十国春秋·闽十》：“谭紫霄，泉州人也，与陈守元相善。守元斸地，得木札数十贮铜盘中，皆汉张道陵符篆，朱墨如新藏，弃而不能用，以授紫霄。紫霄尽皆通之，遂自言得道陵天心正法，劾鬼魅、治疾病多効。康宗奉为师，封正一先生，月给山水，香焚之。闽亾，寓庐山栖隐洞，学者百余人。有道术，醮星宿，事黑煞神君，禹步魁罡，祈禳灾福，颇知人寿夭。南唐武昌节度使何敬洙，宠婢置井中死，人无知者。敬洙遘疾，召紫霄，中夜被髪仗剑考治，见女厉自诉为祟之由。诘旦，屏人以语敬洙，乃书丹符遣之，疾良已。庐山僧辟路，有大石坚不可镵。紫霄往视，曰，斯固易尔！索杯水噀之，命工施镵，应手如粉。南唐后主闻其名，召至建康，赐号金门羽客，阶以金紫，比蜀之杜光庭。皆让不受。金陵既下。紫霄年百余岁，卒于庐山栖隐洞。人谓之尸解，归葬日有祥云白鹤绕之。”

No 119.
宋 Song period
径 Diameter: 38mm

Four figures, unidentified

四人，待考

The white horse carrying Buddhist scriptures with two unidentified figures

白马驮经，二人待考

No 120.
辽 Liao period
径 Diameter: 51mm

Four figures, unidentified

四人，待考

Two figures, unidentified

二人，待考

No 121.
宋 Song period
径 Diameter: 54mm

Xiang Hua Gong Yang
(Offering of incense and flowers)

香花共养

Er Lang and Xuan Wu

二郎与玄武

No 122.
五代 Five Dynasties period
径 Diameter: 71mm

Xiang Hua Gong Yang
(Offering of incense and flowers)

香花供养

北魏郦道元《水经注·河水》："后天人以新白緤裹佛，以香花供养，满七日，盛以金棺，送出王宫。"

《法华经·序品》谓："有香华伎乐，常以供养。"

Five figures, unidentified

五人，待考

面
Obverse

No 123.
唐 Tang period
径 Diameter: 55mm

Xiang Hua Gong Yang (Offering of incense and flowers)

香花供养

宋代张君房所撰《云笈七籤》，其卷三十七斋戒篇有“洞玄灵宝六斋十直”：“道教五戒：一者不得杀生，二者不得嗜酒，三者不得口是心非，四者不得偷盗，五者不得淫色。十善：一念孝顺父母；二念忠事君师；三念慈心万物；四念忍性容非；五念谏诤蠲恶；六念损己救穷；七念放生养物，种诸果林；八念道边舍井，种树立桥；九念为人兴利除害，教化未悟；十念读三宝经律，恒奉香花供养之具。凡人常行此五戒十善，恒有天人善神卫之，永灭灾殃，长臻福佑，唯在坚志。”

背
Reverse

Er Lang and Xuan Wu

二郎与玄武

面
Obverse

No 124.
唐 Tang period
径 Diameter: 58mm

Xiang Hua Gong Yang (Offering of incense and flowers)

香花供养

Er Lang and Xuan Wu

二郎与玄武

背
Reverse

Three characters of the Taoist magic script; meaning unknown

符篆三字，待考

面
Obverse

No 125.
宋 Song period
径 Diameter: 52mm

Xiang Hua (Incense and flowers)

香花

Er Lang and Xuan Wu

二郎与玄武

背
Reverse

Two characters of the Taoist magic script; meaning unknown

符箓二字，待考

No 126.
五代 Five Dynasties period
径 Diameter: 52mm

Zhou Chu slaying the python

周处斩蛟

《晋书》曰：周处，字子隐，义兴阳羡人也。父鲂，吴鄱阳太守。处少孤，未弱冠，膂力绝人。好驰骋田猎，不修细行，纵情肆欲，州曲患之。处自知为人所恶，乃慨然有改励之志，谓父老曰：今时和岁丰，何苦而不乐邪？父老叹曰：三害未除，何乐之有！处曰：何谓也？答：曰南山白额猛虎、长桥下蛟、并子为三矣！处曰：若此为患，吾能除之。父老曰：子若除之，则一郡之大庆，非徒去害而已。处乃入山，射杀猛兽。因投水搏蛟，蛟或沉或浮，行数十里，而处与之俱。经三日三夜，人谓死，皆相庆贺。处果杀蛟而反，闻乡里相庆，始知人患己之甚。

Er Lang and Xuan Wu

二郎与玄武

No 127.
唐 Tang period
径 Diameter: 52mm

Zhou Chu slaying the python

周处斩蛟

Tian Zhen crying under a tree

田真哭荆

《续齐谐记》曰：田真兄弟三人，家巨富而殊不睦，忽共议分财。金银珍物，各以斛量；田业生赀，平均如一。唯堂一株紫荆树，花叶美茂，共议欲破为三，人各一分，待明就截之。是夕，树即枯死，状火燃叶，萎枝摧根，茎燋焠。真见之大惊，谓诸弟曰：树本同枝，闻当分析，所以燋焠，是人不如树木也。因悲不自胜，便不复解树。树应声遂更青翠，华色繁美。兄弟相感，更合财产，遂成纯孝之门。真以汉成帝时为太中大夫。

面
Obverse

No 128.
唐 Tang period
径 Diameter: 71mm

The Nine Star Gods

九曜

九曜为：一、日曜（太阳），二、月曜（太阴），三、火曜（荧惑星），四、水曜（辰星），五、木曜（岁星），六、金曜（太白星），七、土曜（镇星），八、罗睺（黄幡星），九、计都（豹尾星）。

背
Reverse

The Nine Star Gods

九曜

阔缘版
Wide rim issue

No 129.
唐 Tang period
径 Diameter: 63mm

The Nine Star Gods

九曜

根据186页之敦煌五星图，此面五人当为穿上之炽盛光佛、其左右之日月双曜，左下之火曜及右下之木曜。

此钱为阔缘版，径63毫米。另有一版，缘稍窄，径62毫米。

背
Reverse

The Nine Star Gods

九曜

除却钱面四曜，钱背五星为：水曜（辰星）、金曜（太白星）、土曜（镇星）、罗睺（黄幡星）、计都（豹尾星）。

Tejaprabha Buddha and the Five Planets
Tang dynasty. Dated 4th year of Qianning (A.D.897).
Ink and colours on silk. H.80.4 cm, W. 55.4 cm.
© British Library Board. All rights reserved (1919-0101-0.31).

炽盛光佛并五星图。敦煌绢绘。唐乾宁四年，公元八九七年。
绢本设色。高80.4厘米，宽55.4厘米。大英图书馆藏。

"This is a happy instance where the painting is not only dated, but also represents one of the rarest of the subjects of Buddhist art. The title, 'The Buddha of Blazing Light and the Deities of the Five Planets', is given in the donor's inscription, as well as the date (Fig.80). Although various literary references to Tejaprabha Buddha accompanied by nine or eleven luminaries are known, only three actual paintings survive: this one, a painting on the south wall of the entrance corridor leading to Cave 61 at Dunhuang itself and a hanging scroll of the Yuan period in the Boston Museum of Fine Arts (Tomita and Tseng, 1961, Pl.21). Cave 61 may be dated to the early Northern Sung period, soon after the middle of the tenth century. It is well known for its magnificent series of donors, including a princess of Khotan, and for its paintings of Wutaishan as well as numerous paradise assemblies. The multiple images of Buddha on its ceiling are closely related to stencils preserved in the Stein collection (Vol.2, Pl.78). The paintings in the corridor, according to Stein, are by a hand far more skilled in composition and drawing than that which executed the present silk painting. Nevertheless, with its earlier date, and because of the rarity of the subject, this is still a very important work.

The composition is considerably simpler than that of the wall painting, not to mention the one in Boston, and is confined to the principal figures of the Buddha and of the five planets only, all supported on the same multi-coloured clouds. Rays of light radiate from the Buddha, symbolizing his power to subdue adverse influences from the planets. Eiichi Matsumoto (1937, pp.338ff) has shown how the figures of the latter correspond almost exactly with the descriptions of them in the *Fan tian huo luo jiu yao* 梵天火罗九曜. Proceeding anticlockwise from Tejaprabha himself, who is seated on a cart drawn by an ox advancing to the left (in the entrance corridor of Cave 61, the whole composition suitably takes the form of an extended procession), these planetary figures are described in the text as follows: Mercury, as a woman with a monkey in her headdress, holding brush and paper (Pl.27–2); Jupiter, as a high official, with blue robes and a boar headdress, holding flowers and fruit (Fig. 79); Saturn as a Brahman, with an ox headdress, holding a pewter staff (Pl.27–4); Venus, with a cock in her headdress, in white mourning robes, playing a stringed instrument (*pipa*) (Pl.27–5); and finally Mars, shown as a heretic, with donkey headdress, four-armed and carrying weapons and blades (arrow, bow, sword and trident) (Fig.81). The wall painting is damaged but clearly included are these five, with the sun and moon and the two dark stars Rahu and Ketu taken from Indian astronomy, for a total of nine luminaries. In addition, groups of figures representing the twenty-eight constellations appear above the procession, and also small circular medallions, originally twelve in number, within each of which is depicted one of the Western signs of the zodiac.

An elaborate set of altar vessels drawn in ink and originally richly gilt, is displayed on an altar at the front of the cart, with a valance and an embroidered cloth falling over the ox in the shafts. The face of the Buddha and other exposed areas of his body were originally also gilt. The gilding on the face shows clear signs of having been renewed, and the ink lines of his countenance have also been redrawn, being much darker than those of the other figures, and giving him a more fully fleshed countenance. It is very noticeable that the mouthline ends in a distinct hook, after the fashion of the tenth century (Pl.27–3); in the other figures this line is straight or ends in a slight swelling. It thus seems more than likely that the painting was refurbished at some time in the first half of the tenth century. At the top of the painting, a broad strip of purple silk shows that it was once mounted as a hanging scroll. Although this strip is sadly now only 11.5 cm high, when described by Stein in Serindia it measured 2 ft 6½ in, or about 75 cm. When found it had already lost the lower mount; nevertheless, it must originally have been an impressive picture and was perhaps actually intended to be carried in procession, as the treatment of the subject itself seems to imply."

此图不仅有纪年，以主题来说也是佛教美术中最珍稀的作品之一，是难得的范例。"炽盛光佛并五星"这一画题与纪年同时记录在供养题记中（参见Fig.80）。经典中有种种有关伴随九曜和十一曜的炽盛光佛的记载，但绘画实际只存有以下三件，即本绢绘、敦煌第61窟洞口南壁的壁画及波士顿美术馆藏元代的挂幅（参照K. Tomita and H.C. Tseng: Portfolio of Chinese Paintings图版21）。从于阗公主等华丽的供养人队伍，以及由众多圣众构成的净土图和五台山的描绘等知道，敦煌61窟的壁画是北宋初期，即十世纪中叶稍后制作的。而绘于天井上的诸多如来像与此收藏品中收的纸样（参照第2卷图78）有密切关系。据斯坦因讲，无论是构图还是线绘，壁画都比本图熟练。但是，此画年代早，主题罕见，是很珍贵的作品。

波士顿的作品暂且不论，将此画和壁画进行比较，此画的构图比壁画简单得多，只由主尊炽盛光佛和五星组成，都乘同样的五彩云。炽盛光佛放射着巨大光芒，象征震慑的力量。据松元荣一博士讲，五星的表现与"梵天火罗九曜"的记载大体是一致的（参照《敦煌研究》338页之后）。炽盛光佛所坐雄牛牵的车朝向左，五星在车的周围按照逆时针方向依次排列（第61窟洞口的则全部是按行列形状整齐排列）。妇人形象的，头戴猿冠，手持纸、笔的是"木星"（图27–2）；官人形象的，身着青衣，戴猪冠，手捧花和水果的是"水星"（Fig.79）；婆罗门形象的，戴牛冠，手持锡杖的是"土星（土宿星）"（图27–4）；妇人形象的，戴鸟冠，着白色练衣，弹奏琵琶的是"金星（太白星）"（图27–5）；外道形象的，戴驴马冠，四只手持武器（矢、弓、剑和三叉戟）的是"火星（南方荧惑星）"（Fig.81）。壁画虽有所损坏，但能确认除了这些五星和日月外，还有从印度天文学借来的罗睺星和计都星两颗暗淡的星，合起来是九曜。此行列的上方可见表示二十八宿的诸像，以及代表十二宫的小圆形装饰，最初当是聚齐了十二个宫，但画面只残留了一部分。

牛车前方的祭坛上，摆放着一套精美的祭器。它们用了墨描，当初可能是用了金色晕染。祭坛周边围着垂幕，刺绣的桌布垂到驾辕的雄牛背上。炽盛光佛的面部和身躯当时也是金色的，现在面部的金色经过再次涂抹。眼睛和鼻子等的线描也有修改的痕迹，比起其他像显得浓重，面容更加生动。特别是嘴角突出了十世纪的描绘法，呈钩形，很显眼（参照图27–3）。其他像的唇线笔直，或两端稍上翘。因此，判断此画是十世纪前半叶着手完成的更准确。绘画上端残留的宽幅紫色绢，说明它是曾当作挂幅来使用。可惜的是，现在上端的绢只有高11.5厘米的带，而斯坦因的发掘报告书《西域》中记载约有75厘米。下端的装裱在当时发现时已经丢失。虽然如此，此画在当时是极为富丽的，并且很可能在实际使用中，就是挑挂在画中所描绘的游行队伍中的。

引自：Roderick Whitfield (ed.). 1982. *The Art of Central Asia: The Stein Collection in the British Museum* (Volume 1), First edition. Tokyo: Kodansha International in cooperation with the Trustees of the British Museum.

面
Obverse

No 130.
五代 Five Dynasties period
径 Diameter 57mm

An unidentified worshipping scene

香花供养图，待考

此钱见载于李佐贤《古泉汇》一书："此品画宫室、栏楯、人物之形。背画人物、树木之形。亦内武梁祠汉画。"钱穿右有供台焚香，左有龟鹤。

背
Reverse

An unidentified dancing scene

伎乐图，待考

细观此钱，背穿右有一人端坐，后有侍女，手执斜扇。穿左有舞女一人，后可见亭阙一角。穿下有一人形，似为侏儒。

No 131.
宋 Song period
径 Diameter: 40mm

Four children playing together

婴戏

Three children playing together

婴戏

No 132.
宋 Song period
径 Diameter: 38mm

Obverse: Female figure worshipping the moon to pray for children

面：拜月祈子

Reverse: Children playing games together

背：婴戏

此钱径38毫米，传世，无锈。面穿左立一妇人，右向；穿右立一香台，烟雾缭绕；穿上浮月并云头一朵；穿下花枝一束。钱背乃五童嬉戏图，曾见一台北故宫博物院宋镜拓图，与此极近。

此钱铸制甚精，云头生动，人物传神，寓意香花供养，以祈多子。

苏东坡曾游杭州望海楼，写有绝句四首。其一云：

楼下谁家烧夜香，
玉笙哀怨弄初凉。
临风有客吟秋扇，
拜月无人见晚妆。

真可谓此钱绝佳写照！

另记：《国器杭州图经》云，东楼一名望海楼，在旧治中和堂北。《太平寰宇记》云，楼高十八丈，唐武德七年置。

面
Obverse

No 133.
辽 Liao period
径 Diameter: 52mm
厚 Depth: 4mm

A child amidst floral designs

儿童攀枝

背
Reverse

Floral designs

花草

No 134.
元 Yuan period
径 Diameter: 39mm

Obverse: Unknown figure on the left, swords on top with stars and clouds

面：青溪宅钱

Reverse: Plain

背：素背

左花钱一枚：穿左拱立一人，穿右祥云二朵，穿上双节，穿下七星。是钱折十大小，素背，穿略广。

此钱见载于洪遵《钱志》卷十四《神品》：

“右青溪宅钱。南史齐本纪曰：世祖于所住堂内得异钱，文为北斗星、双刀、双旗及有人形带剑。南齐祥瑞志曰，宋明帝泰始中，世祖于青溪宅得钱一枚，文有北斗七星、双节，又有人形带剑。余按：此钱旧谱以南齐志图之，今以南史为正。”

此钱亦见载于《中国花钱》第28号：“北斗双节云纹人形钱”，定级下上。

No 135.
唐 Tang period
径 Diameter: 47mm
厚 Depth: 4mm

Crane, tortoise, attendant and immortal

鹤、龟、侍者、仙人

Plain reverse

素背

No 136.
唐 Tang period
径 Diameter: 60mm

面
Obverse

An immortal with his attendant

仙人与侍童

背
Reverse

I humbly come across your honourable birthday.
I hereby present specially prepared gifts to wish you long years like the pine tree.
I hope you will kindly accept the gift.
Respectfully yours.

右伏遇，尊慈降贵之辰。谨专献上，即祝椿松之寿年。望容纳。谨献。

No 137.
五代 Five Dynasties
33mm

Phoenix, dragon, tortoise, immortal

凤、龙、龟、仙人

Phoenix, dragon, tortoise, immortal

凤、龙、龟、仙人

No 138.
五代 Five Dynasties
28mm

Dragon and phoenix

龙凤

Dragon and phoenix

龙凤

No 139.
唐 Tang period
25mm

Red bird

朱雀

Dragon and phoenix

龙凤

No 140.
汉 Han period
29mm

Dragon amidst clouds

云龙

Mirror back

镜背

No 141.
五代 Five Dynasties period
径 Diameter:35mm

Waves

水波纹

此钱之纹饰亦可视为龙纹，与No 146之背纹类似，特列于此。

The decorative design of the obverse also suggests that of a dragon. A similar case can be found in the reverse of No 146.

Mirror back

镜背

No 142.
唐 Tang period
径 Diameter: 29mm

Flowers in vase

香花供养

此钱亦有二解：曰四季平安，曰香花供养一切圣众。故虽无神仙瑞兽，亦列录于此。

The flowers in a vase may have two interpretations. In the first interpretation, the flowers represent the four seasons and the upright vase a verbal pun of *Ping* (vase) and *An* (stable), meaning peaceful and secure. The coin thus suggests peace and stability all year round.

In the second interpretation, the flowers in vase may be seen as part of offerings of incense and flowers to worship gods, in which case the motif is an ingenious representation of gods, absent from and yet present on the coin.

面
Obverse

No 143.
唐 Tang period
径 Diameter: 29mm

Dragon and immortal

神人与龙

背
Reverse

Fire pearl, treasure box and two seated dragons

火珠、宝盒、双坐龙

面
Obverse

No 144.
唐 Tang period
径 Diameter: 54mm
厚 Depth: 5mm

The Four Intelligent Creatures (Red bird, black tortoise, white tiger, blue dragon)

四灵

汉纬书《尚书考灵曜》云："二十八宿，天元气，万物之精也。故东方角亢氐房心尾箕七宿，其形如龙，曰'左青龙'。南方井鬼柳星张翼轸七宿，其形如鹑鸟，曰'前朱雀'。西方奎娄胃昴毕觜参七宿，其形如虎，曰'右白虎'。北方斗牛女虚危室壁七宿，其形如龟蛇，曰'后玄武'。"

背
Reverse

The Four Intelligent Creatures (Red bird, black tortoise, white tiger, blue dragon)

四灵

葛洪《抱朴子·杂应》：“左有十二青龙，右有三十六白虎，前有二十四朱雀，后有七十二玄武”。

《北帝七元紫庭延生秘诀》：“左有青龙名孟章，右有白虎名监兵，前有朱雀名陵光，后有玄武名执明，建节持幢，负背钟鼓，在吾前后左右”

面
Obverse

No 145.
隋 Sui period
径 Diameter: 35mm

The Four Intelligent Creatures (Red bird, black tortoise, white tiger, blue dragon)

四灵

《北史·隋本纪》："颁青龙符于东方总管、刺史，西方以白武，南方以朱雀，北方以玄武。"《旧唐书·职官志》："传符之制，太子监国曰双龙之符，左右各十。京都留守曰麟符，左二十，其右一十有九。东方曰青龙之符，西方曰驺虞之符，南方曰朱雀之符，北方曰玄武之符，左四右三。"

背
Reverse

The Four Intelligent Creatures (Red bird, black tortoise, white tiger, blue dragon)

四灵

《新唐书·车服志》："传信符者，以给邮驿，通制命。皇太子监国给双龙符，左右皆十。两京、北都留守给麟符，左二十，右十九。东方诸州给青龙符，南方诸州朱雀符，西方诸州驺虞符，北方诸州玄武符，皆左四右三。左者进内，右者付外。行军所亦给之。"

面
Obverse

No 146.
唐 Tang period
径 Diameter: 40mm
厚 Depth: 4mm

Four chasing hares

四兔

《御定渊鉴类函》卷四百三十云："原《抱朴子》曰：'兔寿千岁，满五百岁则色白'。《瑞应图》曰：'王者恩加耆老，则白兔见'。一本曰：'王者应事疾则见；赤兔者，王者德茂则见'。又曰：'赤兔者，瑞兽，王者德盛则至增'。又，赤兔上瑞，白兔中瑞。"

背
Reverse

Dragon design

龙纹

According to *Bao Pu Zi*, a book written by Ge Hong in the 3rd century AD, hares live to a great age of one thousand years. Upon reaching five hundred, they turn white. It is believed that white hares turn up if the supreme ruler is kind towards the elderly and that red hares increase in number if the ruler is of great kindness. Red hares are an "upper good" omen. White ones are a "middle good" omen.

面
Obverse

No 147.
辽 Liao period
径 Diameter: 61mm
厚 Depth: 6mm

Dragon amidst clouds

云龙

背
Reverse

Clouds

云

星象崇奉与四灵厌胜钱
Constellation Worship and the Four Intelligent Creatures

中国古时崇奉星宿，将黄道和赤道附近的星群分为二十八宿，后来，道教更加以拟人化，定姓名、服色和职掌，顶礼供养。现在流藏于日本的五星二十八宿神形图，为唐初梁令瓒所作（亦说张僧繇所绘），是唐至五代时期重要的星宿图。此图对五星二十八宿做了拟人的描绘。宋真宗天禧年间（公元1017–1021），张君房主编有《云笈七籤》一书，其卷二十四《二十八宿》称："甲从官阳神也，角星神主之，阳神九人，姓宾名远生，衣绿玄单衣，角星宿主之。乙从官阴神也，亢星神主之，阴神四人，姓扶名司马，马头赤身，衣赤缇单衣，带剑，亢星神主之。"图一为敦煌所出，是存世最早的手绘星图。

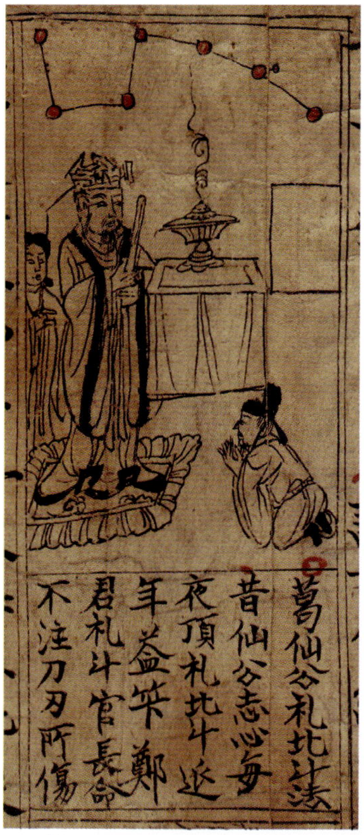

图二

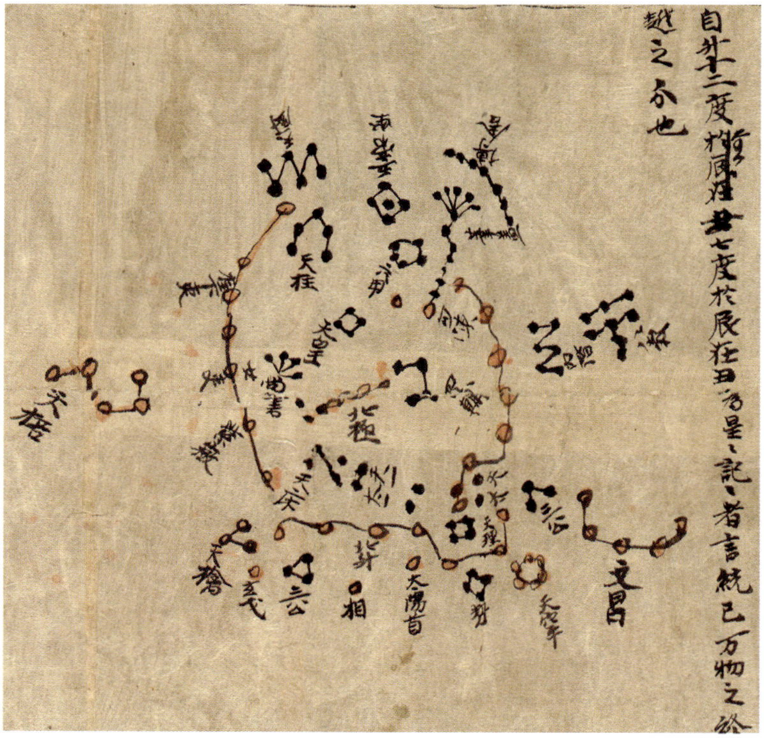

图一：星象图。敦煌遗书。大英图书馆藏。

图二为葛仙礼北斗图。葛仙就是晋代的葛洪，号抱朴子，道教外丹派的杰出人物，后丹成升天。按图中文字所解，供养北斗，可使人长命益寿，不为刀刃所伤。如图所示，唐时的北斗已具人形。此图卷为斯坦因带去英国的敦煌遗书，现藏大英图书馆。此文写作时，正好是英籍探险家斯坦因将大量敦煌文书带离中国一百年之际。谨记。

二十八宿又被分为四组，每七宿一组，配以朱鸟、玄武、青龙、白虎四象，又称为四灵或四神。汉代纬书《尚书考灵曜》云：“二十八宿，天元气，万物之精也。故东方角、亢、氐、房、心、尾、箕七宿，其形如龙，曰‘左青龙’。南方井、鬼、柳、星、张、翼、轸七宿，其形如鹑鸟，曰‘前朱雀’。西方奎、娄、胃、昴、毕、觜、参七宿，其形如虎，曰‘右白虎’。北方斗、牛、女、虚、危、室、壁七宿，其形如龟蛇，曰‘后玄武’。”更早的《礼记·曲礼上》也有记载：“前朱鸟而后玄武，左青龙而右白虎。”

图三：北魏时代（公元386–534年）的石棺。白虎片：71.2 x 228.6厘米；青龙片：68.6厘米 x 228.6厘米。私人藏品。

四灵与中国的传统宇宙观有着密切的关联。古人认为世界有五个方位，即东西南北中，而四灵与之对应：东青龙、西白虎、南朱雀、北玄武。这五个方位又与中国传统的五行说关系密切，东青龙对应木、西白虎对应金、南朱雀对应火、北玄武对应水，中位则对应土。四灵、方位和五行同时可以归纳为阴阳学说的演变。在道教看来，东青龙与南朱雀为阳，西白虎和北玄武为阴。方士炼制不老神丹（外丹），需要铅和汞这两种重要元素，白虎即为铅，而青龙则为汞。从修炼（内丹）的角度来说，则需化生万物的阴阳二气。所以在道教看来，四灵与阴阳又有着直接的对应关系。图三是一张北魏时期的石棺照片，可见石棺左右为青龙和白虎二象，青龙背上骑有男性神祇一位

图四

图六

（东王公），而白虎背上则有女性神祇一名（西王母），明确无误地表明了青龙和白虎的阴阳象征意味。既然出现在石棺上，那么四灵的导引、庇护和永生功能就显而易见了。值得一提的是，青龙白虎在汉代马王堆出土文物中也有突出表现，更早可以追溯到战国时期。

四灵作为一个有系统的具体形象，在遗存的石刻、壁画还有铜镜等出土文物上均有体现。最为出名的，应该算图四中的四灵瓦当。这四件瓦当陶土质，气势磅礴，既富于力度，又流动飘逸，艺术造诣极高，可谓汉四灵的代表作，其中朱雀直径最小，为15.5厘米，玄武19.3厘米，青龙18.7厘米，白虎19厘米，均为陕西历史博物馆藏品。图五是汉代玄武和朱雀刻石的拓本。另外值得一提的是，一九八六年发现的芒砀山西汉早期梁国王柿园石室墓葬，其主室顶部画有彩色的四灵云气图，是中国目前年代最早的墓葬壁画珍品，一九九一年被评为中国十大考古新发现之一，现已揭取下来，藏于河南省博物馆。

图五：汉 玄武和朱雀刻石拓本。

四灵在铜镜上也有所反映，特别是在隋代和唐代初期，比如说图六这枚四灵镜，苏黎世立特堡博物馆藏品，直径达24.8厘米。其内区为四灵，外区有十二生肖，铸工精湛，美轮美奂，让人惊若天工。四灵形象一直延续到唐代，主要出现在墓葬壁画上，导引墓主人走向永生之路。图七即为唐墓壁画中的玄武。

在道教中，四灵的主要职能似乎是侍卫。比如说，葛洪《抱朴子·杂应》以四相为太上老君之侍卫：

“左有十二青龙，右有三十六白虎，前有二十四朱雀，后有七十二玄武。”

《北帝七元紫庭延生秘诀》曰：

“左有青龙名孟章，右有白虎名监兵，前有

图七

朱雀名陵光，后有玄武名执明，建节持幢，负背钟鼓，在吾前后左右。”

图八

四灵的护卫形象，也反映到中国古代的政府管理构架中；据《北史·隋本纪》记载，隋高祖文帝杨坚于开皇七年夏四月癸亥日，“颁青龙符於东方总管、刺史，西方以白虎，南方以朱雀，北方以玄武。”这一制度，唐代也承袭下来，《旧唐书·职官志》说：

“传符之制，太子监国曰双龙之符，左右各十。京都留守曰麟符，左二十，其右一十有九。东方曰青龙之符，西方曰驺虞之符，南方曰朱雀之符，北方曰玄武之符，左四右三。”

《新唐书·车服志》说得更为明确：

“传信符者，以给邮驿，通制命。皇太子监国给双龙符，左右皆十。两京、北都留守给麟符，左二十，右十九。东方诸州给青龙符，南方诸州朱雀符，西方诸州驺虞符，北方诸州玄武符，皆左四右三。左者进内，右者付外。行军所亦给之。”

《全唐诗》第875卷第59首为《司马承祯含象鉴文》：

“天地含象，日月贞明。写规万物，洞鉴百灵。青盖作镜大吉昌，巧工刊之成文章。左龙右虎辟不祥，朱鸟玄武顺于旁，子孙富贵居中央。”

图九

这篇铜镜铭文直接点明了四灵在唐代这一历史框架中的文化内涵。于是，在早期花钱中，四灵也就成了保护神，有保命安康之功，尤其是对子孙后代的庇护；也正因为此，四灵钱多与子孙、长生这两个主题有关。其中最享盛誉的，要数永安五男背四灵钱，传世有大小二种，图八这枚为大型。此钱面背四出，内外郭均饰有粟米纹。其面文对读“永安五男”四字，其中“永”字左右分别为日月二辰；其背则为“四灵”图像：上朱雀、下玄武、右青龙、左白虎。此钱是我藏品中最为喜爱的一枚，熟旧，面背朱砂斑斓，古意盎然。上海的郭若愚老先生曾刊有一品，其面饰有日月十二星辰，仅见品。德国藏家霍尔斯特·格隆德曼（Horst Grundmann）二〇〇三年出版了自己的花钱集（Amulette Chinas und seiner Nachbarländer《中

图十

图十一

国及其邻国花钱》），内收有自己所收藏的一千四百多枚花钱。其中有大小五枚永安五男背四灵钱。第802号面有日月并十星，径51毫米，可称十二星辰钱，堪与郭氏所藏媲美。以上三种，可视为永安四灵钱的三个主要版别。此外，还有一种刻字版，数年前由花钱爱好者贞佑泉主发表在网上钱币论坛《复兴致远》，其面四区各有铭文三字，共十二字：上曰“大富贵”，右曰“多男女”，下曰“受命长”，穿左三字则不可辨，亦为仅见之品。另外，折五十品传世尚有合背者，珍少。我多年前曾访美国西海岸，于资深钱商西蒙斯那里得到一枚，之前他藏于箧中，秘不示人近三十年。如图九所示，此钱通体高浮雕，厚重品好，直径为53毫米，老生坑，绿锈，面有朱砂斑数点。我当时一见到便爱不释手，承蒙慷慨惠让，于是揣在怀里，远涉重洋，从美国带去了英国伦敦，现又来到了香港，每每把玩，感慨万千。此外，上海国际投资拍卖公司多年前曾上拍一鎏金合背品，面有穿孔十二个，暗金闪亮，开门见山，也是少之又少的品种，不知现在藏于何处。永安五男背四灵钱还有另一大品种，折十大小，径约35毫米，多为黑漆古，铜色有泛红及泛白者，似乎少于折五十者，我集花钱多年，开门品仅收集到一枚，见图十。此钱面对读篆文“永安五男”四字，背也是四灵图案，面背也饰有四出及粟纹，唯背与大钱略有不同：白虎居于穿右，青龙则位于穿左。见图十。

关于永安五男背四灵钱的断代，众说纷纭。孙仲汇先生认为最晚为隋铸，郭若愚先生则认定为北魏永安年间铸品，不少资深花钱研究者还认为年代在宋和明之间。一个比较权威的断代线索，来自上世纪七十年代出土于西安何家村的唐代遗宝窖藏。在这一窖藏中，发现了一枚鎏金永安五男背四灵钱，见图十一（陕西省博物馆藏品，齐东方教授提供）。在《花舞大唐春》一书中，齐东方、申秦雁等考古界学者对何家村永安四灵钱有如下评述：

> “圆形方孔，面、背均铸有四出纹，钱文‘永安五男’，篆书、对读；背面饰有四神图案，通体鎏金。据魏书食货志记，北魏孝庄帝永安二年（公元529年）铸‘永安五铢’，‘安’字借穿郭减笔，钱径一般为2.3厘米，重量3克左右，背面偶有四出纹者，钱文结构为年号加币值重量。鎏金‘永安五男’因钱文中有‘永安’二字，曾被定为北魏永安年间所铸。现据其形制和钱文，‘永

> 安五男’形制、重量逾常，钱文中‘安’字不借穿郭，与北魏‘永安五铢’的基本特征不符。钱文中的‘永安’若为年号，则‘五男’的含义难以解释；如以‘永安五男’视为吉祥语，其义则通，并且背面的四神纹饰亦为常见的祥瑞图案，故此应为唐代所铸的厌胜钱。”

图十二

同出尚有鎏金铜货布、平首布、刀币、金开元通宝及“高昌吉利”钱，还有日本、波斯和古罗马等外国金银币，所以，遗宝主人有可能是位钱币收藏家。所以，就小型四灵钱来说，鉴于其书体仿自永安五铢，故上限仍可定北魏永安年间，下限则可依窖藏文物定为盛唐。虽然一些传世品有宋代或更晚的后铸可能，但此钱有明确的出土记载，因此定为隋唐花钱是比较有说服力的。我个人认为，小型四灵钱早期版的铸期要早于唐，唐代有续铸；大型四灵钱与小型气息相近，但年代要晚些，估计是五代左右的。图十二是我收藏的一枚小型四灵合背钱，十分珍罕。此钱面背均有四灵图案，上朱雀，下玄武，左白虎，右青龙。年代要晚于图十。鉴于其形制与北周的永通万国钱一致，此钱的年代上限有可能要早到南北朝时期，最晚也是唐代的铸品。此钱也见有光背者。

自汉魏以降，隋唐、宋元以及明清各朝，均铸有花钱传世。其中，汉魏品时时可见，宋元佳品层出，而明清钱则为所见之大部。唯隋唐铸品如凤毛麟角，甚难捕捉。现在，根据何家村出土遗珍的印证，肯定了永安五男背四灵钱最晚铸于唐代这一事实，为唐代花钱的鉴定提供了一个崭新视野。从其艺术价值和精湛铸工来看，四灵钱堪称隋唐花钱的代表作，也是厌胜钱中的大名誉品。宋代以后，四灵钱就很少见了，一个主要原因就是阴阳太极图的出现，它从基本功能和象征意义上取代了四灵。从铜镜来看也是这样，四灵图案多见于隋唐，而到了宋代就少之又少了。这也间接印证了四灵钱早于宋的断代看法，也解释了宋以来太极八卦图案在花钱上的层出不穷。明清时期的四灵钱相当少，除了“大吉祥背四灵”钱之外，传世还可见到一种天仙送子背四灵钱（见图十三），直径53毫米左右。从铜质及钱体气息来看，估计是清时的铸品。与众不同的是，其背后四灵中的玄武为麒麟所替代，隐有麒麟送子之义。另外值得一提的是，早期四灵中没有玄武，而是此处的麒麟。这里涉及四灵图案在中国文化长河中的变迁问题，在此就不进一步探讨了。

图十三

南无藥師瑠璃光佛
願早達家鄉無諸災難

生肖钱
Charms with Zodiacal Signs

南无药师琉璃光佛。
敦煌绢绘。唐代。大英图书馆藏。
Bhaishajyaguru Vaiduryaprabha Buddha. Ink and colours on silk. Tang period. (1919-0101-0.27).

生肖钱是花钱中一个大门类，可以说自成体系。通常是一面生肖，另一面为星官、童子与龟鹤。生肖面有单肖，最多见的为十二肖，也见有三肖、四肖或六肖一面者，肖形神情各异，可谓惟妙惟肖。另一面的星官有称呼数种，或称本命星官（Nos 148–164），或称本命元神（Nos 171–173），或称本命星神（Nos 165–170），或没有名称，第一种所见最多。除星官外，尚见有吉语，如福德长寿；道教神仙，如张天师；佛教故事，如揭钵图，等等，不一一列举。本章节收录了一些生肖钱，供读者欣赏并参考。

生肖钱也称命钱，所见不少为五代或唐代铸品，甚至更早，但今人多以为元明时物。其使用颇为神秘。台湾钱币学家蔡养吾先生曾有详细描述，兹摘录如下：

> 命钱：乃斋星时所用。道家言，万民之命，各有天星为之护持。某人得某星之庇护，该星即为其"本命星"。若是身婴沉疾，官运掩蹇，家口不安，横祸缠身，都是本命星遭受剋制之故。必须予以斋祭，使之转旺，当事人始可逢凶化吉，脱出厄难。举办这种法事时，多半由一位法官，二三助手，在深夜秘密进行。除当事人或其特定的代理人参予之外，不许任何人窥视。斋毕，即将所供的"命钱"，用灵符与红黄米绢严密包裹，交付当事人收藏于特定的隐秘处所，不得任意翻动或冒渎。命钱的款式，多半于一面刻铸以八卦灵符等。故而又名"十二神钱"。

以上所言，虽然没有说明出处，但应该是可信的。生肖在隋唐时期十分盛行，不但见于史籍记载，也见于流传至今的实物，比如说生肖铜镜和陶俑。我最近在大英图书馆收藏的敦煌遗书中发现了

Zodiacal charms represent perhaps the largest category of Chinese charms next to those with lucky expressions. A most common type has the zodiacal sign or signs on one side and a star god (*Xing Guan*) on the other together with an attendant, a crane and a tortoise. The star god is variously named *Ben Ming Xing Guan* (Star Official of Dominant Vitality, see Nos 148–164), *Ben Ming Yuan Shen* (Primal God of Dominant Vitality, see Nos 171–173), or *Ben Ming Xing Shen* (Star God of Dominant Vitality, see Nos 165–170). Lucky expressions, Daoist talismans and Daoist and Buddhist gods may also be found on them.

Many of the zodiacal charms that we see today were produced in the Five Dynasties and Tang or even earlier though they are commonly dated to the Yuan or Ming. Zodical charms are also called *Ming Qian* (Vitality Coin). Orlando Tsai in Taiwan has the following to say.

"Vitality coins are used to worship stars. According to Taoist priests, everyone is protected by a star and that star is the Original Vitality Star (*Ben Ming Xing*). If one runs into bad fortune, such as illnesses, demotions and discord in the family, that is because one's Vitality Star is suppressed and must be worshipped and revitalised in order to get rid of the bad fortune. The ceremony is typically conducted by a Daoist priest assisted by two or three attendants, on a dark night. Nobody is allowed to watch except the client or the client's representative. After the ritual, the worshipped Vitality Coin will be carefully wrapped in red and yellow silk along with some magic script. The client is then handed the coin, which is then hidden in a designated secret location, not to be turned over or desecrated. The Vitality Coin usually has the Eight Trigrams for the Magic Script on the other side of the coin. They are also called coins of the twelve gods."

The author did not provide any documented evidence but the account is largely credible. As is well understood, the zodiac was very popular in the Sui and the Tang dynasties, not only according to historical records but also shown by objects that survive until this day. Zodiacal bronze mirrors from the period are a good

Tai Sui and the Twelve Gods of Primal Vitality
Ink on paper, AD 978. Dunhuang Collection.
© British Library Board. All rights reserved (Or.8210-S.612 Recto).

太岁并十二元神真形图
敦煌写经。纸本着墨。宋太平兴国三年，公元九七八年。
大英图书馆藏。

一些纸本资料，本页的太岁并十二元神真形图便是其中之一，为宋初太平兴国年间所用黄历的一部分，可见生肖的使用在当时是深入民间、家喻户晓的。

该图中间有一太岁坐于案前，四周罗列十二肖神一圈，四角各有踏云持刀侍卫一尊。该图注有以下文字：

> 右件十二元神。凡人本命之日，于夜静烧银钱、驰马、名香、恭菜，并画形供养，必得除灾添寿。

此处文字正合蔡养吾先生的说法，但更为具体、详尽，以第一手原始资料真实地反映出唐五代至宋初这一时期使用生肖的实际情况。

example. I have found a Dunhuang document in the collection of the British Library that was part of a calendar from the early Song period (see above). The document shows a seated Tai Sui surrounded by the twelve zodical gods with four guardians in the four corners. The drawing is flanked on both sides by some writing, which reads

"On the right are the twelve primal gods and a few persons. On the night of your Original Vitality, when everything is quiet, burn silver money, paper horses, good incense, and offer food to worship. Bad fortune will be removed and longevity enhanced..."

The writing above provides first-hand evidence to support the account provided by Orlando Tsai.

No 148.
宋 Song period
径 Diameter: 48mm

Obverse: *Ben Ming Xing Guan* (The Star Official of Dominant Vitality)

Rat

面：本命星官，子鼠

Reverse: Four characters of the Taoist magic script; meaning unknown

背：符篆四字，待考

《御定骈字类编》卷二百十四为鸟兽门，中有“鼠寿”条：

“《抱朴子》：《玉策记》称，鼠寿三百岁。满一百岁者，其色白，善凭人而卜，名曰仲。能知一年中吉凶及千里外事也。”

No 149.
宋 Song period
径 Diameter: 49mm

Obverse: *Ben Ming Xing Guan* (The Star Official of Dominant Vitality)

Ox

面：本命星官，丑牛

Reverse: Four characters of the Taoist magic script; meaning unknown

背：符篆四字，待考

明代杨慎撰有《升庵集》，其卷七十五云：

“子鼠丑牛十二属之说，朱子谓不知所始。余以为，此天地自然之理，非人能为也。日中有金鸡，乃酉之属；月中有玉兔，乃卯之属。日月阴阳，互藏其宅也。古篆巳字作蛇形，亥字作豕形，余可推而知矣。”

No 150.
宋 Song period
径 Diameter: 50mm

Obverse: *Ben Ming Xing Guan* (The Star Official of Dominant Vitality)

Tiger

面：本命星官，寅虎

Reverse: Four characters of the Taoist magic script; meaning unknown

背：符篆四字，待考

陆玑撰《毛诗草木鸟兽虫鱼疏》卷下讲到"于嗟乎驺虞"时说：

"驺虞即白虎也。黑文，尾长于躯。不食生物，不履生草。君王有德则见，应德而至者也。"

No 151.
宋 Song period
径 Diameter: 48mm

Obverse: *Ben Ming Xing Guan* (The Star Official of Dominant Vitality)

Hare

面：本命星官，卯兔

Reverse: Four characters of the Taoist magic script; meaning unknown

背：符篆四字，待考

《宋史·乐志》中录有大观秋分夕月四首，其一为《降神高安》：

至阴之精，
亏而复盈。
轮高仙桂，
阶应祥蓂。
玉兔影孤，
金茎露溢。
其驾星车，
顾于兹夕。

No 152.
宋 Song period
径 Diameter: 47mm

Obverse: *Ben Ming Xing Guan* (The Star Official of Dominant Vitality)

Dragon

面：本命星官，辰龙

Reverse: Four characters of the Taoist magic script; meaning unknown

背：符篆四字，待考

乾隆朝刑部尚书秦蕙田撰有《五礼通考》，他在卷二十三中记载：

“咸平二年旱。诏有司祠雷师、雨师，内出李邕祈雨法。以甲乙日，择东方地作坛，取土造青龙。长吏斋三日。诣龙所汲流水，设香案、茗果、餈饵，率群吏乡老。日再至，祝酹不得。用音乐巫觋，雨足。送龙水中。余四方皆如之，饰以方色。大凡日干，及建坛取土之里数，器之大小，及龙之修广，皆以五行成数焉。诏颁诸路。”

No 153.
宋 Song period
径 Diameter: 48mm

Obverse: *Ben Ming Xing Guan* (The Star Official of Dominant Vitality)

Snake

面：本命星官，巳蛇

Reverse: Four characters of the Taoist magic script; meaning unknown

背：符篆四字，待考

宋代郭茂倩辑有《乐府诗集》一书，卷八十九专门收录杂歌謡辞，其中有唐代咸通末年成都童谣一首：

咸通癸巳，
出无所之。
蛇去马来，
道路稍开。
头无片瓦，
地有残灰。

原书注："《新唐书·五行志》曰：咸通十四年，成都有童謡。是岁岁阴在巳，明年在午。巳，蛇也。午，马也。"

No 154.
宋 Song period
径 Diameter: 48mm

Obverse: *Ben Ming Xing Guan* (The Star Official of Dominant Vitality)

Horse

面：本命星官，午马

Reverse: Four characters of the Taoist magic script; meaning unknown

背：符篆四字，待考

惠士奇撰《礼说》，其卷十一云：

“《庾人职》：马八尺以上为龙。郑司农引《月令》曰：驾苍龙，案《尒疋》，马属绝有力，駥。又曰：马八尺为駥。郭注引《庾人职》，龙作駥。而高诱注《月令》，引《庾人职》作龙。然则龙与駥古音同也。龙亦作‘鸗’。《潜夫论》曰：求鸗问鸗。或云，鸗，野马。非也。学者好怪，乃谓龙者仁马，河水之精，高八尺五寸，长头有翼，鸣声九音，遇明主则见。于是，有龙马负图之瑞应。皆妄言也。大戴礼曰：春夏乘龙，秋冬乘马。月令：春鸗夏駵，秋骆冬骊。而駥鸗并不见说文，则知古通作龙矣。”

No 155.
宋 Song period
径 Diameter: 49mm

Obverse: *Ben Ming Xing Guan* (The Star Official of Dominant Vitality)

Goat

面：本命星官，未羊

Reverse: Four characters of the Taoist magic script; meaning unknown

背：符篆四字，待考

卞永誉（1645-1712）为清代书画鉴赏家，字令之，号仙客，隶汉军镶黄旗，祖籍河南。康熙年间，由荫生官至刑部左侍郎，撰有《书画汇考》。其卷三十三记有《荆浩交泰图》：

“世论洪谷子画为唐末之冠。此幅得之于高友明。水树石苍古，三羊有生动之趣。因相传为《交泰图》。真有笔有墨，不独善，为云中山顶，以山水专门也。绢本细腻，如南朝官纸。”

《宣和博古图》记有羊饰铜器一件：

“右通盖高六寸八分，深四寸三分，口径七寸五分，容六升八，合共重六斤九两。无铭。是器奁也，盖起三羊，回颈相向；项间以四神为饰，且四神乃在天之象。昔人于军陈已尝取此，然奁乃妆鉴之具饰以此者。古人制器尚象，至于冕旒服饰，未有不取象于天者也。此器纯间，为方斜雷纹。三足作熊状，然熊者，男子之祥，着为妆鉴之饰，深有旨也。”

No 156.
宋 Song period
径 Diameter: 49mm

Obverse: *Ben Ming Xing Guan* (The Star Official of Dominant Vitality)

Monkey

面：本命星官，申猴

Reverse: Four characters of the Taoist magic script; meaning unknown

背：符篆四字，待考

《宣和画谱》成书于宣和庚子年（1120），为宋徽宗主持编写而成，二十卷，共收魏晋至北宋画家231人，作品6396件，分为道释、人物、宫室、番族、龙鱼、山水、畜兽、花鸟、墨竹、蔬果共十门。其中以猴为题材的，计有如下十四种，共三十一件：

石榴猴鼠图
鹰猴图
夏景戏猴图
猿猴惊顾图
戏猿视猴图
子母猴图
子母戏猴图
戏猴图
獐猴图
猿猴图
墨竹猴石图
林樾獐猴图
临水群猴图
山林沐猴图

No 157.
宋 Song period
径 Diameter: 50mm

Obverse: *Ben Ming Xing Guan* (The Star Official of Dominant Vitality)

Rooster

面：本命星官，酉鸡

Reverse: Four characters of the Taoist magic script; meaning unknown

背：符篆四字，待考

《春秋说题辞》曰：鸡为积阳，南方之象。火阳精物，炎上。故阳出鸡鸣，以类感也。

No 158.
宋 Song period
径 Diameter: 49mm

Ben Ming Xing Guan
(The Star Official of Dominant Vitality)

Dog

本命星官，戌狗

Four characters of the Taoist magic script; meaning unknown

符篆四字，待考

No 159.
宋 Song period
径 Diameter: 48mm

Obverse: *Ben Ming Xing Guan* (The Star Official of Dominant Vitality)

Boar

面：本命星官，亥猪

Reverse: Four characters of the Taoist magic script; meaning unknown

背：符篆四字，待考

善书之人，往往会谈到“墨猪”与“筋书”之分。比如说宋代的董逌在《广川书跋》卷七中有《褚河南圣教序》一文：

“褚河南书，本学逸少，而能自成家法。然疏瘦劲炼，又似西汉，往往不减铜筩等书。故非后世所能及也。昔逸少所受书法，有谓多骨微肉者筋书，多肉微骨者墨猪，多力丰筋者圣，无力无筋者病。河南岂所谓瘦硬通神者耶！？”

No 160.
五代 Five Dynasties period
径 Diameter: 51mm

Ben Ming Xing Guan
(The Star Official of Dominant Vitality)

Monkey

本命星官，申猴

A Taoist magic character and Celestial Master Zhang driving away demons

穿左符篆一字，穿右天师驱鬼

No 161.
五代 Five Dynasties period
径 Diameter: 50mm

Ben Ming Xing Guan
(The Star Official of Dominant Vitality)

Boar

本命星官，亥猪

A Taoist magic character and Celestia Master Zhang driving away demons

穿左符篆一字，穿右天师驱鬼

面
Obverse

No 162.
辽 Liao period
径 Diameter: 50mm
厚 Depth: 6mm

Ben Ming Xing Guan (The Star Official of Dominant Vitality), Snake

本命星官，巳蛇

宋人李心传撰有《建炎杂记》，其甲集之卷二专门记载郊庙、宫省、祠观、陵寝等建筑，其中有建于绍兴的万寿观："万寿观以奉皇帝、本命星官。大殿曰纯福。掌观内侍二人，道士十一人，吏卒一百五十五人。道士岁费县官钱七百九十二千，米百二十斛。绍兴十七年建。"

背
Reverse

Flowers, tortoise, crane, attendant and immortal

香花、龟鹤、侍者、仙人

关于绍兴万寿观，宋人吴自牧的《梦粱录》也有所记载：“万寿观，在新庄桥西。绍兴间建殿观宇，以太霄殿奉昊天，宝庆殿奉圣祖，长生殿奉长生帝，西则纯福殿，奉元命。后殿十二楹，为二十二室，奉太祖以下。会圣宫、章武殿应天璇运，皆像，以存东都遗制。前殿东有圆庙，室扁曰“延圣”，章惠后室扁曰“广惠”，温成后室扁曰“宁华”。四孟庙献毕，上由御圃诣本观诸殿行烧香礼。景定改道院斋阁，以奉皇太后，元命观东建神华馆，命羽士焚修。”

No 163.
唐 Tang period
径 Diameter: 50mm

Obverse: *Ben Ming Xing Guan* (The Star Official of Dominant Vitality)

Hare

面：本命星官，卯兔

Reverse: Stars, Taoist magic script, Celestial Master

背： 星相、符篆、天师

宋人陆游撰有《南唐书》，卷十七《杂艺、方士、节义列传第十四》录有以下事迹：

谭紫霄，泉州人，幼为道士。初，有陈守元者，亦道士，劚地得木札数十贮铜盘中，皆汉张道陵符篆，朱墨如新藏。去而不能用，以授紫霄。紫霄尽能通之，遂自言得道陵天心正法，劾鬼魅，治疾病，多效。闽王王昶尊事之，号金门羽客正一先生。闽亡，遁居庐山栖隐洞，学者百余人。武昌节度使何敬洙尝杀女奴，投尸井中，人无知者。遇疾，召紫霄，中夜被发仗剑考治，见女厉自诉。诘旦，屏人以语敬洙，乃丹篆符遣之，疾即愈。庐山僧辟路，有大石坚不可镵。紫霄往视，曰，此固易尔！索杯水噀之，命工施镵，应手如粉。后主闻其名，召见赐官阶，辞不受。俄无疾卒，年百余岁。今言天心法者，祖紫霄。

No 164.
唐 Tang period
径 Diameter: 47mm

Ben Ming Xing Guan
(The Star Official of Dominant Vitality)

Ox

本命星官，丑牛

Stars, Taoist magic script, Celestial Master

星相、符篆、天师

大样
Big issue

No 165.
辽 Liao period
径 Diameter: 58mm

Ben Ming Xing Shen
(The Star God of Dominant Vitality)

Tiger

本命星神，寅虎

Two characters of the Taoist magic script; meaning unknown

符篆二字，待考

No 166.
辽 Liao period
径 Diameter: 55mm

Ben Ming Xing Shen
(The Star God of Dominant Vitality)

Hare

本命星神，卯兔

Two characters of the Taoist magic script; meaning unknown

符篆二字，待考

No 167.
辽 Liao period
径 Diameter: 55mm

Ben Ming Xing Shen
(The Star God of Dominant Vitality)

Dragon

本命星神，辰龙

Two characters of the Taoist magic script; meaning unknown

符篆二字，待考

No 168.
辽 Liao period
径 Diameter: 54mm

Ben Ming Xing Shen
(The Star God of Dominant Vitality)

Rooster

本命星神，酉鸡

Two characters of the Taoist magic script; meaning unknown

符篆二字，待考

No 169.
辽 Liao period
径 Diameter: 56mm
厚 Depth: 4mm

Ben Ming Xing Shen
(The Star God of Dominant Vitality)

Dog

本命星神，戌狗

Two characters of the Taoist magic script; meaning unknown

符篆二字，待考

No 170.
辽 Liao period
径 Diameter: 55mm
厚 Depth: 4mm

Ben Ming Xing Shen
(The Star God of Dominant Vitality)

Boar

本命星神，亥猪

Two characters of the Taoist magic script; meaning unknown

符篆二字，待考

No 171.
宋 Song period
径 Diameter: 57mm

Ben Ming Yuan Shen
(The Primal God of Dominant Vitality)

Ox

本命元神，丑牛

Fu Chang De Shou
(Extensive fortune, longevity and kindness)

福长德寿

No 172.
元 Yuan period
径 Diameter: 56mm

Ben Ming Yuan Shen
(The P-imal God of Dominant Vitality)

Snake

本命元神，巳蛇

Fu Chang De Shou
(Extensive fortune, longevity and kindness)

福长德寿

面
Obverse

No 173.
宋 Song period
径 Diameter: 56mm

Fu Chang De Shou (Extensive fortune, longevity and kindness)

福长德寿

这套钱的“福”字皆作“福”，从“衣”而不从“示”。我曾以二十四史为语料，对“福”字在各史中的使用做过频率调查，发现它是《旧五代史》和《宋史》中比较常见的写法，在其它朝代则比较少见。因此，这个字的使用也间接地说明此钱为宋或五代的铸品。

背
Reverse

Ben Ming Yuan Shen (The Primal God of Dominant Vitality), Dragon

本命元神，辰龙

No 174.
五代 Five Dynasties period
径 Diameter: 49mm

Ben Ming Xing Guan
(The Star Official of Dominant Vitality)

Boar

本命星官，亥猪

Fu Chang De Shou
(Extensive fortune, longevity and kindness)

福长德寿

No 175.
五代 Five Dynasties period
径 Diameter: 48mm

Ben Ming Xing Guan
(The Star Official of Dominant Vitality)

Rat

本命星官，子鼠

Fu Chang De Shou
(Extensive fortune, longevity and kindness)

福长德寿

面
Obverse

No 176.
唐 Tang period
径 Diameter: 62mm

Ben Ming Xing Guan (The Star Official of Dominant Vitality), Monkey

本命星官，申猴

背
Reverse

Cloud, unknown animal and two deer

云头、瑞兽、双鹿

No 177.
五代 Five Dynasties period
径 Diameter: 50mm

Shu Sheng Ren
(Born in the year of the Dog)

戌生人

Three characters of the Taoist magic script; meaning unknown

符篆三字，待考

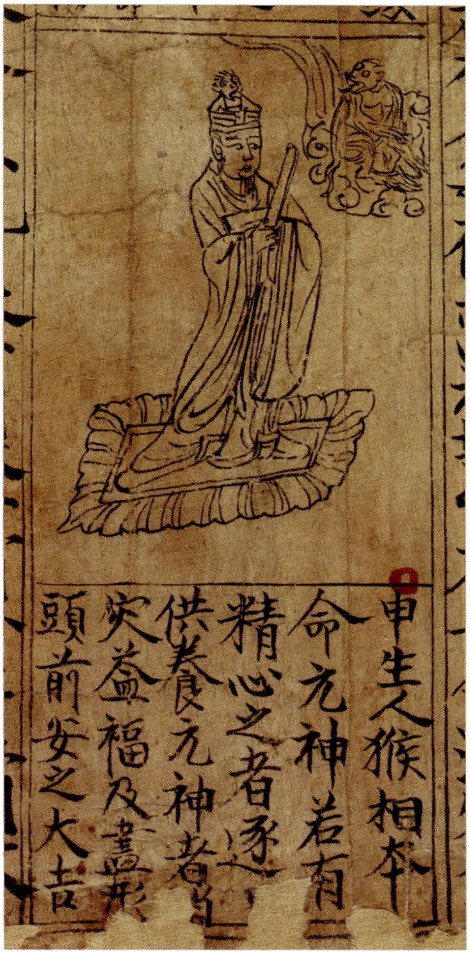

Born in the Year of the Monkey
Ink on paper. Tang period. Dunhuang Collection.

申生人
纸本着墨。唐代，敦煌遗书。
大英图书馆藏。

“申生人，猴相本命元神。
若有精心之者，逐日供养元神者，消灾益福。
及画形头前，安之大吉！”

No 178.
金 Jin period
径 Diameter: 56mm

Crane, tortoise, immortal and attendant

鹤、龟、仙人、侍者

The twelve zodiacal signs

十二肖

No 179.
宋 Song period
径 Diameter: 52mm

Ben Ming Xing Guan
(The Star Official of Dominant Vitality)

Dog

本命星官，戌狗

Four characters of the Taoist magic script; meaning unknown

符篆四字，待考

No 180.
辽 Liao period
径 Diameter: 52mm
Depth: 4mm

Zhong Chen Qian Qiu
(Important court official for a thousand autumns)

重臣千秋

Shi Er Yuan Shen
(The Twelve Primal Gods)

十二元神

The twelve zodiacal signs

十二肖

No 181.
元 Yuan period
径 Diameter: 65mm

Ben Ming Xing Guan
(The Star Official of Dominant Vitality)

Immortal, attendant, crane and tortoise in attendant's hand

本命星官

仙人、侍者、鹤、龟（侍者手中）

The twelve zodiacal signs

十二肖

No 182.
宋 Song period
径 Diameter: 67mm

Ben Ming Xing Guan
(The Star Official of Dominant Vitality)

Immortal, crane, tortoise and magic script

本命星官

仙人、鹤、龟、符篆

此钱有类似铜镜传世。

The twelve zodiacal signs

十二肖

No 183.
五代 Five Dynasties period
径 Diameter: 52mm

Obverse: *Ben Ming Yuan Shen* (The Primal God of Dominant Vitality)

Immortal, attendant, crane and tortoise on lotus leaf

面：本命元神

仙人，侍者、鹤、荷叶上龟

Reverse: The twelve zodiacal signs

背：十二肖

宋代洪遵所编的《翰苑群书·翰林学士院旧规》录有《祭本命元神》范文一篇：

“维年月日　皇帝遣阴阳官某乙，致祭于本命元神尚飨（称朕云云）。”

该卷首按：“阁下本作李愚，唐志并崇文总目作杨钜。今以史为正。”可见此范文的历史可追溯至隋唐时期。此钱之龟在荷叶上，铸制年代有可能到唐。

面
Obverse

No 184.
辽 Liao period
径 Diameter: 51mm

Ben Ming Xing Guan (The Star Official of Dominant Vitality)

本命星官

上为生肖钱一枚，色黄，质细且密，钱体厚重压手。据实测，径51毫米，厚3毫米。细审此钱，包浆熟旧，内郭细窄，呈菱花状，绳穿磨痕甚重。面背均有朱砂痕迹，传世品也。钱面三重轮，穿上真书“本命星官”四字，穿下乃一丹炉，左立仙鹤右向，右伏神龟左往；穿右趺坐仙人，首饰圆光，衣带飘然，盖星官也；穿左侍立一人，手捧香炉，清烟缭绕，盖童子也。

背
Reverse

The twelve zodiacal signs

十二肖

钱背外缘亦可见三轮；其内为花草饰纹一轮，据考为忍冬草，亦称金银花或二宝花，随佛教传入，始盛于北魏，延至唐初方为其他草纹所替代；再其内为十二肖形，俱饰以圆环，以子鼠始于穿下，向右循环之。就断代而言，其铜色及厚重似与辽钱相符，“本命星官”四字微有隐起，亦辽钱之特征；有鉴于此，辽宋似可定为上限。钱背之忍冬草纹，金代花钱多用之，其后则鲜见；故下限可定为金。《中国花钱》第352页刊有1540号一品，体大而形似，但实不同也。聊记于此，以为谈资。

No 185.
宋 Song period
径 Diameter: 40mm

The Eight Trigrams

八卦

The twelve zodiacal signs

十二肖

No 186.
宋 Song period
径 Diameter: 45mm

Obverse: Two characters of the Taoist magic script with a tiger head

面：符篆二字及虎头符

Reverse: The twelve zodiacal signs

背：十二肖

右钱上虎头，下丝结，左右符篆各一，亦饰以丝结。钱幕有肖形十二，绕内缘者四，沿外缘者八，各具神情。

此钱铸制精整，铜质细密压手，色微红透金。传世，晶莹透亮，抚之润手；穿口磨砺已久，几成圆穿；几百年间，此钱易手无数。前贤有言，古钱辗转至今者，皆福之所至也。

No 187.
宋 Song period
径 Diameter: 60mm

Jia Guan Jin Lu
(Higher position and more salary)

加官进禄

The twelve zodiacal signs

十二肖

No 188.
元 Yuan period
径 Diameter: 61mm

Fu Shou Yan Chang
(Extensive fortune and longevity)

福寿延长

The twelve zodiacal signs

十二肖

No 189.
五代 Five Dynasties period
径 Diameter: 68mm

Chang Yi Zi Sun
(Protection forever to children and grandchildren)

长宜子孙

The twelve zodiacal signs

十二肖

No 190.
宋 Song period
径 Diameter: 68mm

Taoist magic script and five characters of unknown meaning

长生天盖中

The twelve zodiacal signs

十二肖

面
Obverse

No 191.
元 Yuan period
径 Diameter: 55mm

Jin Yu Man Tang (A hall full of gold and jade)

金玉满堂

背
Reverse

The twelve zodiacal signs

十二肖

面
Obverse

No 192.
五代 Five Dynasties period
径 Diameter: 62mm

Chang Ming Fu Gui (Longevity, wealth and honour)

长命富贵

背
Reverse

The twelve zodiacal signs

十二肖

No 193.
唐 Tang period
高 Height: 66mm
宽 Width: 61mm

Chang Ming Fu Gui
(Longevity, fortune and honour)

长命富贵

The twelve zodiacal signs

十二肖

No 194.
宋 Song period
径 Diameter: 53mm

Obverse: *Shou Fu Kang Ning* (Longevity, wealth, benevolence, tranquility)

面：寿富康宁

Reverse: The twelve zodiacal signs

背：十二肖

宋代杨万里撰《诚斋集》，收有冬至节礼庆文书一篇：

《贺皇孙郡王冬节启》

“纬协珠囊，占五星之同轨；时和玉烛，吹六管之葭灰。穀旦维新，闳休绍至。恭惟皇孙节使郡王，生而宣哲，学以明诚。日月就将，上动三宫之喜；春秋鼎盛，下开万嗣之祥。裒对昭时，导迎纯嘏，其叨尘储隶，得望容晖。方天地闭藏之时，所先安性，则寿富康宁之福，于以延年。”

No 195.
辽 Liao period
径 Diameter: 56mm

Obverse: *Tian Xia Tai Ping*
(Peace under heaven)

面：天下太平

Reverse: The twelve zodiacal signs

背：十二肖

二十世纪七十年代初，同样的钱在内蒙古曾与元代铜镜一同发现，另有如下花钱若干：

龟鹤齐寿钱、
龟鹤遐龄钱、
龟鹤仙童背生肖大钱、
镂空双降龙钱、
镂空双追凤钱、
镂空三鱼钱、
长命富贵背生肖钱、
真武太上咒钱、
张天师背十二肖钱。

这些钱年代不必划一，不必皆为元铸，但年代下限最迟为元。

No 196.
金 Jin period
高 Height: 74mm
宽 Width: 68mm

Seven coins with inscribed with lucky expressions

龟鹤齐寿
寿如松柏
福禄齐寿
永保千秋
长命富贵
寿山福海
金玉满堂

The twelve zodiacal signs with immortal and attendant in inner ring

仙人、侍童、十二肖

面
Obverse

No 197.
金 Jin period
径 Diameter: 60mm

A pair of birds flying in the water marshes

平沙飞雁

右生肖大钱一品，传世，无锈，通体浆色棕红。上海郭若愚先生在《古代吉祥钱图像赏析》一书第138页上谈及此钱："钱面平沙一处，左有芦苇，右水中生莲，一雁上飞，一雁涉水。背十二生肖图像，每一图像在一圈之内。径59毫米。有挂钮。钱明代铸。"图中钱品稍异，无挂钮。

背
Reverse

The twelve zodiacal signs

十二肖

雁不单飞，出双入对，忠贞不渝；芦苇谐“禄”；莲籽谐“连子”；生肖趋吉延年益寿；云朵寓意吉祥。故此钱当寓意为夫妇和合，连（莲）生贵子，禄（芦）路平坦，延年益寿，吉祥如意，诚乃集厌胜吉祥钱之大成者。

面
Obverse

No 198.
金 Jin period
径 Diameter: 63mm

Two lions

双狮

背
Reverse

The twelve zodiacal signs

十二肖

面
Obverse

No 199.
辽 Liao period
径 Diameter: 74mm
厚 Depth: 4mm

The five poisonous creatures and two lions

五毒、双狮

此钱乃托尼·莫森偶得于伦敦古董市场，后惠让给我。面有双狮祥云，外环五毒一圈。背为八卦十二神，肖形作奔跑状。大直径，高浮雕，有五代铜镜气势，诚为五毒钱的代表作。

背
Reverse

The twelve zodiacal signs

十二肖

No 200.
金 Jin period
径 Diameter: 58mm

Tortoise, crane, attendant, immortal

龟、鹤、侍者、仙人

The twelve zodiacal signs

十二肖

No 201.
金 Jin period
径 Diameter: 65mm

Tortoise, crane, attendant, immortal

龟、鹤、侍者、仙人

The twelve zodiacal signs

十二肖

面
Obverse

No 202.
金 Jin period
径 Diameter: 52mm

Tortoise, crane and immortal under a pine tree

松柏龟鹤仙人

一九八七年，吉林省考古研究所在德惠县布海乡后城子子屯对金代遗址进行考古发掘，出土同样的钱一枚。此钱品好者不易得。我前后收集凡三枚，方得佳品一枚，特录于此，与读者共享。

背
Reverse

The twelve zodiacal signs

十二肖

No 203.
金 Jin period
径 Diameter: 72mm

面
Obverse

The Star Official with his attendant, crane and tortoise in moonshine under pine tree

月下松间之仙人、侍童、龟、鹤

二○○○年三月，余自英国伦敦专程前往美国西雅图，与资深钱商斯格特·西蒙斯（Scott Semans）先生一晤，在其山中居所小住数日，观其所藏钱币及有关书籍和资料。临别时，选购花钱若干。其中有大花钱一枚如上。面穿右一仙人趺坐松下，一童子持杖，侍立于穿左；穿下一龟一鹤，面向仙人；穿上一轮满月，照于松间。钱背十二肖形，分铸于珠圈之中；沿内轮上下左右四处，各饰祥云一朵；决穿四角，亦饰有祥云纹。此钱重轮，面幕内轮均有纹饰。

背
Reverse

The twelve zodiacal signs

十二肖

此钱世谱有载，如《钦定钱录》和《吉金所见录》，但精美如斯者不多见。是品传世，铜质与浆色均佳。钱宋金时铸。另有略小者，或双轮无水波纹者，或肖圈无珠者，皆同时铸。

No 204.
宋 Song period
径 Diameter: 81mm

Tortoise, crane, attendant, immortal

龟、鹤、侍者、仙人

The twelve zodiacal signs

十二肖

No 205.
宋 Song period
径 Diameter: 51mm

Tortoise, crane, attendant, immortal

龟、鹤、侍者、仙人

The twelve zodiacal signs, stars and star god

十二肖、星辰、星官

No 206.
宋 Song period
径 Diameter: 64mm

Tortoise, crane, immortal and two characters of the Taoist magic script

龟、鹤、仙人

穿上符篆二字，待考

The twelve zodiacal signs

十二肖

No 207.
金 Jin period
径 Diameter: 74mm

Zhang Tian Shi
(The Celestial Master Zhang)

张天师

The twelve zodiacal signs

十二肖

Vaisravana, Guardian of the North. Tang dynasty, 9th century A.D.
 (1919-0101-0.138).

多闻天像，北方护卫。
敦煌绢绘。唐代，公元九世纪。
大英图书馆藏。

张天师大花钱考
The Dating of Celestial Master Zhang Charms

生肖花钱中有大钱一种（见图一），圆穿，直径75毫米。钱面穿右铸一人，右臂作挥斥状，形体伟大，发冠高耸，服带飘逸；穿左铸二小鬼，作相呼奔逃状；穿上铸一莲座荷叶牌，真书“张天师”三字。钱背铸有三环：内环铸十二地支；中环铸云雷纹一轮；外环铸十二肖形。此钱传世甚多，但是浆色、铜质、厚薄、铸工都有所不同。关于张天师大花钱的铸制年代，花钱界目前认为是元代，以上海的郭若愚先生为代表：

图一

> “张道陵，东汉沛人，本名陵。永平时拜江州令，后弃官隐居，入江西龙虎山习炼丹符咒之术，从学者甚众。道陵死，子衡传其道。其后裔张宗演于元顺帝至元间被封为辅汉天师。张天师之名至此始。”
>
> 《古代吉祥钱图象赏析》第35页

此说的论证为：既然张天师之名始于元朝，那么天师钱铸于元朝无疑。但是，如下文所要说明的，天师钱的铸制应该早于元朝。这一问题将从几个方面来探讨。

一、天师这一称号古已有之

“张天师”称号始见于西晋。张道陵羽化后，其第四代孙张盛于西晋永嘉年间（307—313）移居江西龙虎山，尊张陵为“正一天师”，天师道教派从此时兴起。北魏时，嵩山道士寇谦之在太武帝的支持下，自称天师，清整道教。经魏晋南北朝的曲折发展，道教在唐初被确定为国教，僖宗曾封张道陵为“三大天

图二

扶教辅元大法师”，简称“天师”。赵宋亦效法李唐，特别是真宗和徽宗，极力推崇道教，理宗也追封张道陵为“三天扶教辅元大法师”。可见天师称号非元时独有。因此，以元时“辅汉天师”封号为天师钱断代依据，值得商榷。

二、有证据说明天师钱早于元

有时找出被考品的家族近亲有助于断代。有一种生肖花钱与天师钱为近亲（见图二）。此钱面铸有卧鹿一只于穿下，穿上莲牌中铸有“加官进禄”四字；面上亦饰有银锭、银铤、犀角及蹲猴。钱背与天师钱一样，铸有三环：内环铸十二地支，中环铸云雷纹一轮，外环铸十二肖形。泉界亦认为此钱为元铸，但乃另一陈见，无证据说明其为元铸。相反，加官进禄钱有特征说明其早于元：此钱戌字缺笔，作少撇戌。翁树培于《古泉汇考》（第1724—1725页）中论及此钱：

> “又按：此钱戌字缺笔，作戌（少撇），所见数十枚，无不同者。辽天庆八年经幢款云：天庆八年，戊戌二字书缺笔作戌（少撇），乃避圣宗隆绪之讳，附记于此”。

按辽起于公元九一六年，止于一一二五年，与北宋同时。但缺笔戌亦见于唐。翁氏又记：“唐会昌三年壬戌陀罗尼幢，戌作戌（少撇），亦缺一笔。董其昌戏鸿帖，米芾跋，欧阳询帖，米书壬戌，戌字作戌（少撇）。”按会昌三年为公元843年，已近唐末。在这个问题上，避不避讳不是要点，关键在于此减笔字出于辽与唐；减笔为唐风，因唐写本多，别字亦多。加官进禄钱五代风极浓，应为唐末或宋初钱，如其稍早于天师大钱，则天师大钱应铸于盛宋时期。

图三

三、天师大钱书法与元钱不类

就书法而言，唐有颜筋柳骨，宋有徽宗之铁画银钩，而元字则多温软，有赵孟頫书的软而无骨，和周伯琦书的蚕头燕尾。天师钱上“张天师”三字之不工不秀，与元钱书法不类同，恰可说明此钱非元。从某种程度来说，天师钱的书法与供养钱钱文风格比较接近。孙仲汇先生曾著《厌胜钱的断代问题》，论及许多元供养钱实际上是宋代的铸品。另此钱背地支十二楷字更接近宋生肖钱书法。

四、铸制

有道理认为，天师大钱出自道观，自宋至元皆有铸制。因各朝皆有禁止假造符箓的敕令，以保护天师世家符箓的专利，故数百年间此钱形制变化不大，只有铜质、大小、铸制和浆色的不同。换句话说，此钱有元铸，但初铸于宋或更早。宋品版薄，径大及75毫米，铸工精湛，人物神态动作把握得好，传神。而元品铸工则低劣，径多为72毫米，版厚铜暗，线条生硬，钱文深但不峻（见图三）。厚薄乃相对而言，同一品种，翻铸品比初铸品要厚重，乃泉学的一个基本看法。值得一提的是，世谱所录多为71毫米左右的后铸品。

五、金代铜镜

天师钱铸于元代以前的最有力证据，也许是出土的一面金代铜镜了。拓图见图四。此镜发表于河北美术出版社的《历代铜镜纹饰》第303页：

> “金。张天师镜。圆形，圆钮，钮右侧一仙人右手从腰际囊中掏取法器驱鬼，左侧二小鬼或拼斗或奔逃，上飘一法器，正中有‘张天师’旗幡。汉张道陵创天师道，张天师乃其后裔的封号。素缘。直径7.1厘米，缘厚0.2厘米。1958年8月河北省易县出土。”

图四

由图可见其天师像与天师大钱无二，可证明此钱金时已有。金禁铜，买卖镜照需经官检、敲戳。故新镜多仿古，古镜多有新戳。所以此钱早于金几乎是可以肯定的，而天师钱下限为宋则亦可为定论。

除了以上五点外，还有种种迹象表明天师钱早于元：荷座莲叶牌似在宋已很普遍；天师像的线条流畅，有明显的吴道子的线描风格；有宋代风俗，于端午节期间在门上挂天师像以辟毒。另纵观李唐三百年和赵宋三百年，道教兴旺凡六百年，天师家族繁衍凡六百年，此钱皆不见铸，而蒙元的区区百年间却有大量天师钱行世，有悖情理。综上所述，笔者认为天师大钱始铸于宋或保守意义上的南宋，元时有后铸品。宋品体大版薄，铸制精良，径达75毫米。元品版厚铜暗，稍小，径71或72毫米，铸制不精，所见元品为多。当然，笔者体会到花钱的断代是一个极为棘手的课题，需要从多层次、多方面来考虑和解决。因此撰此稚文，旨在抛砖引玉。

面
Obverse

No 208.
宋 Song period
径 Diameter: 66mm

Zhang Tian Shi (The Celestial Messenger Zhang)

张天使

张天师称为张天使，此一奇也；另见有此钱修正版，“使”改为“师”，又一奇也。

背
Reverse

The twelve zodiacal signs

十二肖

On the obverse of this coin, the Celestial Master Zhang is actually called the Celestial Messenger Zhang, both characters being pronounced "*shi*" in Chinese. A variation of the same type can still be seen today, where "messenger" is corrected to "master". A highly unusual piece.

No 209.
元 Yuan period
径 Diameter: 58mm

Xuan Wu, the Northern God

玄武

The twelve zodiacal signs

十二肖

No 210.
宋 Song period
径 Diameter: 58mm

The Goddess of Birth (Xi Wang Mu) and playing children

西王母与戏婴

The twelve zodiacal signs

十二肖

No 211.
辽 Liao period
径 Diameter: 45mm
厚 Depth: 4mm

The Goddess of Birth (Xi Wang Mu) and playing children

西王母与戏婴

The twelve zodiacal signs

十二肖

No 212.
辽 Liao period
径 Diameter: 59mm
厚 Depth: 5mm

The Goddess of Birth (Xi Wang Mu) and playing children

西王母与戏婴

The twelve zodiacal signs

十二肖

面
Obverse

No 213.
隋 Sui period
径 Diameter: 49mm

Stars and two flying apsaras with swords

星相、执剑飞天

背
Reverse

The twelve zodiacal signs

十二肖

No 214.
辽 Liao period
径 Diameter: 58mm

Wei Zheng slaying the dragon

魏徵斩龙

The twelve zodiacal signs

十二肖

No 215.
宋 Song period
径 Diameter: 50mm

Obverse: Gods in cloud

面：云中君

Reverse: The twelve zodiacal signs

背：十二肖

《九歌·云中君》

浴兰汤兮沐芳，
华采衣兮若英。
灵连蜷兮既留，
烂昭昭兮未央。
蹇将憺兮寿宫，
与日月兮齐光。
龙驾车兮帝服，
聊翱游兮周章。
灵皇皇兮既降，
猋远举兮云中。
览冀州兮有馀，
横四海兮焉穷。
思夫君兮太息，
极劳心兮忡忡。

面
Obverse

No 216.
唐 Tang period
径 Diameter: 62mm

A Buddhist scene

揭钵图

《杂宝藏经》卷九云：鬼子母者，是老鬼神王般阇迦妻。有子一万，皆有大力士之力。其最小子，字嫔伽罗。此鬼子母凶妖暴虐，杀人儿子，以自酣食。人民患之，仰告世尊。世尊尔时，即取其子嫔伽罗，盛著钵底。时鬼子母，周遍天下，七日之中，推求不得，愁忧懊恼。传闻他言，云佛世尊，有一切智。即至佛所，问儿所在。时佛答言，汝有万子，唯失一子，何故苦恼愁忧，而推觅耶。世间人民，或有一子，或五三子，而汝杀害。鬼子母白佛言，我今若得嫔伽罗者，终更不杀世人之子。佛即使鬼子母见嫔伽罗，在于钵下。尽其神力，不能得取，还求于佛。佛言，汝今若能受三归五戒，尽寿不杀，当还汝子。鬼子母即如佛敕，受于三归及以五戒。受持已讫，即还其子。

背
Reverse

The twelve zodiacal signs and an unidentified scene

十二肖

This coin is a rare example of a Buddhist association with the zodiacal signs. The story on the obverse is well recorded, showing how a child-eating mother ghost became repentant after the Buddha captured one of her own 500 children under a bowl.

此面穿左的云中神祇和下页的图十分相似。
See next page for a similar presentation of gods in cloud.

Vaisravana on his Way across the Waters
Tang dynasty, 9th century A.D. Ink and colours on silk. H. 37.6cm, W. 26.6cm.

行道天王图
敦煌绢绘。唐代，公元九世纪。
绢本设色。高37.6厘米，宽26.6厘米。
大英图书馆藏。

"This painting, on a small scale, is one of the most highly finished among all the paintings from Dunhuang and has been preserved together with a substantial part of its original mount of yellow and purple silk, extending for 8.5 cm above the painting and for 11.5 cm below. With Pl. 15 and another painting in the Musée Guimet, it represents a type otherwise only known through titles such as 'The Heavenly King on the March' in records such as the catalogue of Emperor Huizong's collection, Xuanhe huapu (A.D. 1120). Essentially the composition is intended to show Vaisravana patrolling his domain with heavenly troops; unlike the preceding plate, there is no building to represent a city, but otherwise the setting is similar.

Vaisravana and his retinue are seen supported on a purple cloud, advancing across a sea of waves, bordered in the far distance by a range of mountains (Pl. 16-5). In this procession Vaisravana himself is the dominant figure, almost twice the size of his attendants. In his right hand he carries a golden halberd, in his left a purple cloud supporting a stupa, inside which there appears to be a seated Buddha. These attributes are immediately suggestive of his role as chief of the protectors of the Buddhist Law. Vivid plumes of flame, blown by the wind, issue from his shoulders. These, attested in the texts, correspond to the stiff crescents of flame seen in single standing figures of Vaisravana, as in Vol. 1, Fig. 109 (see the extensive discussion by Eiichi Matsumoto in Tonkoga no kenkyu, part 3, chapter 9). White ribbons flutter upwards on either side of the richly decorated crown (Pl. 16-2).

In front of Vaisravana, also moving forwards but turning towards him, in graceful contrapposto, is Sri Devi, his sister, holding a shallow golden dish of flowers (Pl. 16-3). On the other side he is accompanied by the rishi Vasu, delicately portrayed as a white-haired old man in sandals, wearing a white cloth about his loins and holding a golden chalice (Pl. 16-4). Behind him is a stout figure in a green robe holding a flaming pearl. Matsumoto has identified him as one of the five sons of Vaisravana. Another figure, wearing a four-pronged crown stands on the left, with hands in anjali-mudra. As he is unarmed and without other attributes, he is very similar to the figure, apparently a donor, who appears in Pl. 15 holding a tablet and accompanied by his wife. Nevertheless, as he seems to be more closely integrated with the whole group, Matsumoto's identification of him as another son of Vaisravana seems a better suggestion. Immediately behind him is a magnificent bearded figure in a splendid hat, fitting an arrow to his bow and preparing to shoot down the garuda figure who scuttles away in flight at the top right of the picture. Matsumoto has noted examples of similar garuda figures in wall paintings of Vaisravana in the Turfan area. They represent the forces of evil against which Vaisravana offered protection. The remaining figures in the painting are some of the five yaksa warriors who accompany the guardian king as described in several texts. The setting represents the park and stretch of water that are features of Vaisravana's abode, to the north of Mt. Sumeru."

此作品规模虽小，但在敦煌出土的绘画类中是最精细的作品之一，包括绘画上下方各留8.5厘米、11.5厘米宽的黄色和紫色装裱部分，整个作品保存状态良好。和上一图（图15）以及集美美术馆收藏的《行道天王图》，都可作为一种资料，由此想象出徽宗皇帝收藏品目录《宣和画谱》（一一二〇年）等中，只有题名的这一类绘画的图样。图样表现的是毘沙门天在天界军队的陪同下，巡查自己守护的领地。与上一图不同的是，这里没有代表城郭的建筑物，其余场面设计基本相同。

毘沙门天和侍从乘赤紫色云，横渡波浪起伏的海面，水平线的另一岸有连绵的山脉（参照图16–5）。高大的毘沙门天像有侍从们的两倍，右手持鉾枪，从左手腾起的赤紫色云上载着宝塔，宝塔中有坐佛。这些所持物品暗示着佛法守护神毘沙门天的作用。由两肩升起的鲜艳火焰，被风吹得向后飘伏。这与第1卷Fig. 109的《兜跋毘沙门天像》中出现的僵直的三日月形火焰相同，是根据经典里描绘的（详情参照松元荣一《敦煌画の研究》第3章第9节）。配有华丽装饰的冠的两侧，有白色的缎带随风飘动（参照图16–2）。

毘沙门天的前面，有举止优雅，向同一方行进却回头看他的妹妹功德天，手捧盛满花的金色盘（参照图16–3）。其对面的婆薮仙，以手持金杯，缠白腰布，脚穿靴的白发老人的形象出现（参照图16–4）。其后有身着绿衣，手持火焰宝珠的健壮的像。松元荣一博士认为该像是毘沙门天五个儿子之一。左方也有一身合掌的像，头戴顶部分成四块的冠。他没有武装，也没有携带物品，认为与上一图的手持笏陪同夫人的供养人像相同。但在本图中，其像与整体非常协调，正如松元博士所提议的，看做是毘沙门天的一个儿子更为贴切。离他很近的后方，有一长着美丽的胡须，头戴奇特帽子的像，拉开弓箭的架式，像是要射向画面右上角慌忙飞过的迦楼罗。松元博士指出，绘有毘沙门天的吐鲁番地区的壁画中，有几处相同的迦楼罗的影子，它象征用毘沙门天的力量可赶走的恶势力。此画的其他诸像，正如松元博士所述，着于若干经典中，是天王侍从五夜叉中的四像。场面设置是毘沙门天所守护的须弥山北方。

引自：

Roderick Whitfield (ed.). 1985. *The Art of Central Asia: The Stein Collection in the British Museum* (Volume 2), First edition. Tokyo: Kodansha International in Cooperation with the Trustees of the British Museum.

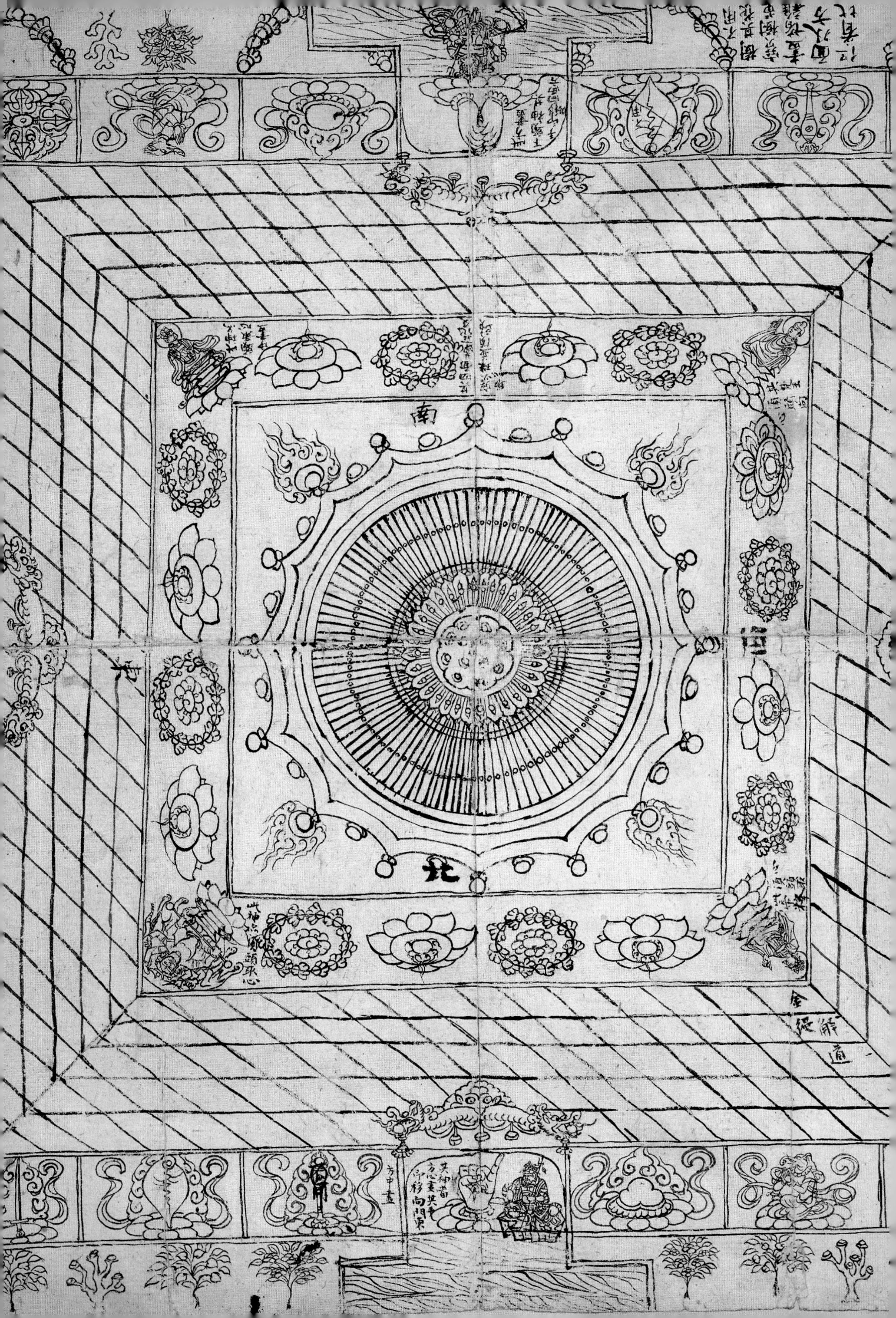
南
北

挂牌与异形钱

Hanging Plaques and Charms of Unusual Shapes

本章专门介绍挂牌及异形花钱。

大部分挂牌年代比较晚，以清代铸品为主，还有相当一部分是民国时期的产品，所以也都比较常见。但是有一个例外，那就是苏炉挂牌。苏炉挂牌制作精美，是收藏者的热门品种，加上存世量本来就不大，如今很难在市面上见到好品。

早期挂牌就更加少见。虽然挂牌汉代就有了，但品好的少见。本章选了二枚刊出，但谈不上精美，因为汉品不是紫金阁的收藏专项。本章所列，多为明或明代以前的铸品，包明禁军豹牌、犬牌各一枚。其他多为宋代的传世品，它们铸工精美，书法典雅，文字吉祥，是可遇不可求的精品。年代上说，它们可能是南宋时期的铸品，气息上和南宋钱牌相近。

异形花钱总体来说比较少见，特别是苏炉的出品。本章列有数品，可见苏炉花钱的美轮美奂，可以说是中国钱币铸造的顶峰。

This section lists hanging plaques and charms of unusual shapes.

Most of the hanging plaques can be dated to the Qing dynasty and are thus fairly common, except the group that can be attributed to the Jiangsu Mint. Examples of Jiangsu hanging plaques can be found in Nos 217 and 219 in this section.

Early hanging plaques are evidently rare to come by. Most of those listed in this section are dated before the Qing dynasty. As a matter of fact, most of them originated from the Song period. Nos 222 and 223 are even earlier, dated to the Han in the first century AD. Many of the pieces here can be dated to the Southern Song Dynasty, noted for their superb casting skills, fine calligraphy and auspicious semantics.

Charms of unusual shapes are also quite rare, especially those made by the Jiangsu mint. See Nos. 237 and 238 for examples. Because of the unusual shapes, it is reasonable to suspect that they were made to order. They are exceedingly beautiful with fantastic workmanship, demonstrating probably the highest state of coin casting.

曼荼罗。敦煌写经。
唐代。大英图书馆藏。
Mandala. Tang period. (1919-0101-0.172).

No 217.
清 Qing period
高 Height: 65mm
宽 Width: 48mm

Zhao Cai Jin Bao (Invite treasure and attract wealth)

招财进宝

The Basin of Treasures (Corals, rhinoceros horns, pearls, silver ingot and gold coins)

聚宝盆（珊瑚、犀角、珍珠、银锭、金钱）

No 218.
清 Qing period
高 Height: 79mm
宽 Width: 43mm

Ri (Sun) and *Tian Xia Tai Ping* (Peace under heaven)

天下太平、日

Yue (Moon) and the Eight Trigrams

八卦、月

面
Obverse

No 219.
清 Qing period
高 Height: 69mm
宽 Width: 51mm

Zhong Kui riding on a donkey together with a guiding devil

驴上钟馗

查《五礼通考》卷五十七："《东京梦华录》：除日，禁中呈大傩仪，并用皇城亲事官。诸班直戴假面、绣画、色衣，执金枪、龙旗。教坊使孟景初，身亦魁伟，贯全副金镀铜甲装。将军用镇殿将军，二人亦介胄装门神。教坊南河炭，丑恶魁肥，装判官，又装钟馗、小妹、土地、灶神之类共千余人，自禁中驱祟，出南熏门，外转龙弯，谓之埋祟而罢。"

背
Reverse

The Five Pcisonous Creatures (Tiger, lizard, centipede, snake and toad)

五毒

No 220.
辽 Liao period
高 Height: 33mm
宽 Width: 17mm

Qian Qiu Wan Sui
(One thousand autumns and ten thousand years)

千秋万岁

Plain back

素背

No 221.
元 Yuan period
高 Height: 58mm
宽 Width: 41mm

The first-class winner of the imperial examination going home on a horse

状元及第

Two poem lines
(Amidst ten miles of red flowers, the first-class winner gallops home fast on a horse)

一色杏花红十里，
状元归去马如飞。

苏东坡诗云：

云龙山下试春衣，
放鹤亭前送落晖。
一色杏花三十里，
新郎君去马如飞。

No 222.
汉 Han period
高 Height: 41mm
宽 Width: 22mm

Bi Bing Mo Dang
(Unpenetratable by weapons)

庇兵莫当

一九七五年，同样的佩钱曾与半两及五铢钱一同在内蒙古出土。

Chu Xiong Qu Yang
(Ward off disasters and remove diseases)

除凶去央

No 223.
汉 Han period
高 Height: 33mm
宽 Width: 22mm

Yi Zi Bao Sun
(Protective of children and grand children)

宜子保孙

Yu Tian Wu Ji
(Great heavenly happiness)

予天毋极

宫牌
Palace Pass

No 224.
明 Ming period
高 Height: 62mm
宽 Width: 42mm

A crouching leopard

豹牌

此牌为明代禁军用宫牌，罗振玉所著《历代符牌图录后编》中收有同样挂牌一枚，罗氏称为铜鹿牌，但更有可能是豹牌。

背
Reverse

Blank, with possibly removed inscriptions

素背，铭文可能刮除

This plaque is listed in *A Compendium of Official Passes* by Luo Zhenyu. According to records, such passes were used by imperial guards to gain access to the imperial palace.

宫牌
Palace Pass

No 225.
明 Ming period
高 Height: 58mm
宽 Width: 44mm

A crouching dog

犬牌

此牌《历代符牌图录》中没有收录，但从形制、气息来看，也是明代禁军用的宫牌。观动物形态，应该是猎犬，故称为卧犬。

背
Reverse

Blank, with possibly removed inscriptions

素背，铭文可能刮除

This plaque is not isted in *A Compendium of Official Passes*, but its design indicates that it may well be of the same category. The scratch marks of the reverse suggest that the plaque may originally have inscriptions on the back side.

面
Obverse

No 226.
明 Ming period
高 Height: 55mm
宽 Width: 43mm

Fu Lu Shou (Happiness, official salary and longevity)

福禄寿三星观太极

The three patron gods of happiness, official salary and longevity look at a *yinyang* sign.

背
Reverse

Zhi Ri Sheng Tian (Imminent high promotion)

指日升天

This plaque is of perhaps the most exquisite design, the loop being presented as the sun, or the moon, decorated by clouds. The pine tree on the left suggests that longevity is also a central theme in addition to promotion.

面
Obverse

No 227.
宋 Song period
高 Height: 59mm
宽 Width: 59mm

An immortal with crane, tortoise, incense burner and moon

仙人、鹤、龟、香炉、月

背
Reverse

A character of the Taoist magic script with unknown meaning

符篆，待考

面
Obverse

No 228.
明 Ming period
高 Height: 66mm
宽 Width: 49mm

Qian Li Fei Xing, Fu Lu Chang Sheng
(Flying for a thousand miles with good luck, official salary and longevity)

千里飞行，福禄长生

背
Reverse

Fu Lu
(Good fortune and official salary)

福禄

No 229.
宋 Song period
高 Height: 55mm
宽 Width: 40mm

Chang Ming Fu Gui, Jin Yu Man Tang
(Longevity, great honour and a hall full of gold and jade)

长命富贵
金玉满堂

Two unidentified human figures

人物待考

《钱通》为明代胡我琨所撰，卷十七云：

甘罗城去旧淮阴县北一里，俗传秦甘罗所筑。天雨后往往于土中得小钱，状如钟，有篆文不可辨，号甘罗钱。《淮安府志》

No 230.
宋 Song period
高 Height: 55mm
宽 Width: 36mm

Chang Ming Fu Gui, Jin Yu Man Tang
(Longevity, great honour and a hall full of gold and jade)

长命富贵
金玉满堂

Two unidentified human figures

人物待考

面
Obverse

No 231.
宋 Song period
高 Height: 62mm
宽 Width: 47mm

Fu Lu (Good fortune and official salary)

福禄

本章所录钱牌，不少是钟形的。钟在中国的使用，源远流长，可分为时钟、乐钟、朝钟、道钟和梵钟这几大类。多以青铜铸之，也有铁质的，故宫更有乾隆五十五年所铸的金质乐钟，一套十座，华美异常。

背
Reverse

Dragon design in the centre

龙纹

北京永泰寺有一座铜钟，铸于清代康熙五十二年，上有铭文：“闻钟声，烦恼轻。智慧长，菩提生。离地狱，出火坑。愿成佛，渡众生。唵伽罗帝耶娑婆诃。”钟上另有铭文：“皇图永固，帝道遐昌。”

面
Obverse

No 232.
宋 Song period
高 Height: 60mm
宽 Width: 33mm

Chang Ming Fu Gui, Jin Yu Man Tang
(Longevity, great honour and a hall full of gold and jade)

长命富贵，金玉满堂

背
Reverse

Shou Bi Nan Shan Song Bai Xiu, Fu Ru Dong Hai Wan Nian Cang
(Longevity as green as the pines on the Southern Mountain;
good fortune as vast as the ten-thousand-year reserve of the Eastern Sea)

寿比南山松柏秀，福如东海万年仓

No 233.
宋 Song period
高 Height: 48mm
宽 Width: 28mm

Chang Ming Fu Gui, Jin Yu Man Tang
(Longevity, great honour and a hall full of gold and jade)

长命富贵
金玉满堂

Shou Bi Nan Shan, Fu Ru Dong Hai
(Longevity as great as the Southern Mountain; good fortune as deep as the Eastern Sea)

寿比南山
福如东海

No 234.
宋 Song period
高 Height: 56mm
宽 Width: 30mm

Zhuang Yuan Ji Di, Wu Zi Deng Ke
(Be the first-class winner of the imperial examination; five sons pass the examination)

状元及第
五子登科

Ri Jin Qian Xiang Bao, Shi Zhao Wan Li Cai
(Treasures arrive from far and wide every day; wealth comes from ten thousand miles every hour)

日进千乡宝
时招万里财

No 235.
宋 Song period
高 Height: 38mm
宽 Width: 33mm

Hu Xian
(The drinking immortal)

壶仙

有时壶内去，
去即一千年。
荣辱悲怯外，
须知别有天。

A four-line poem:

In wine I sometimes dwell,
But once for a thousand years.
Glories and sadnesses I transcend,
To the other world where heaven is.

No 236.
宋 Song period
高 Height: 38mm
宽 Width: 32mm

Zui Xian
(The drunken immortal)

醉仙

笑傲诗千首，
沉酣酒百杯。
若无诗酒故，
除是谪仙才。

A four-line poem:

Laughingly I write a thousand poems
While joyfully drinking a hundred cups of wine.
Without wine and without poetry,
Only a banished god can do this fine.

面
Obverse

No 237.
明 Ming period
高 Height: 48mm

The immortal Zhong Kui and his attendant

钟馗与侍从

背
Reverse

The Five Poisonous Creatures

五毒

面
Obverse

No 238.
明 Ming period
高 Height: 47mm

Pass the imperial examination and get promoted imminently

独占鳌头，指日高升

背
Reverse

Peace, stability and good luck

平安吉庆

No 239.
金 Jin period
高 Height: 54mm
宽 Width: 51mm

Shou Tian Fu Lu
(Longevity, good fortune and official position)

寿添福禄

Plain reverse

素背

No 240.
五代 Five Dynasties period
高 Height: 42mm
宽 Width: 37mm

Qian Qiu Wan Sui
(A thousand autumns and ten thousand years)

千秋万岁

Plain reverse

素背

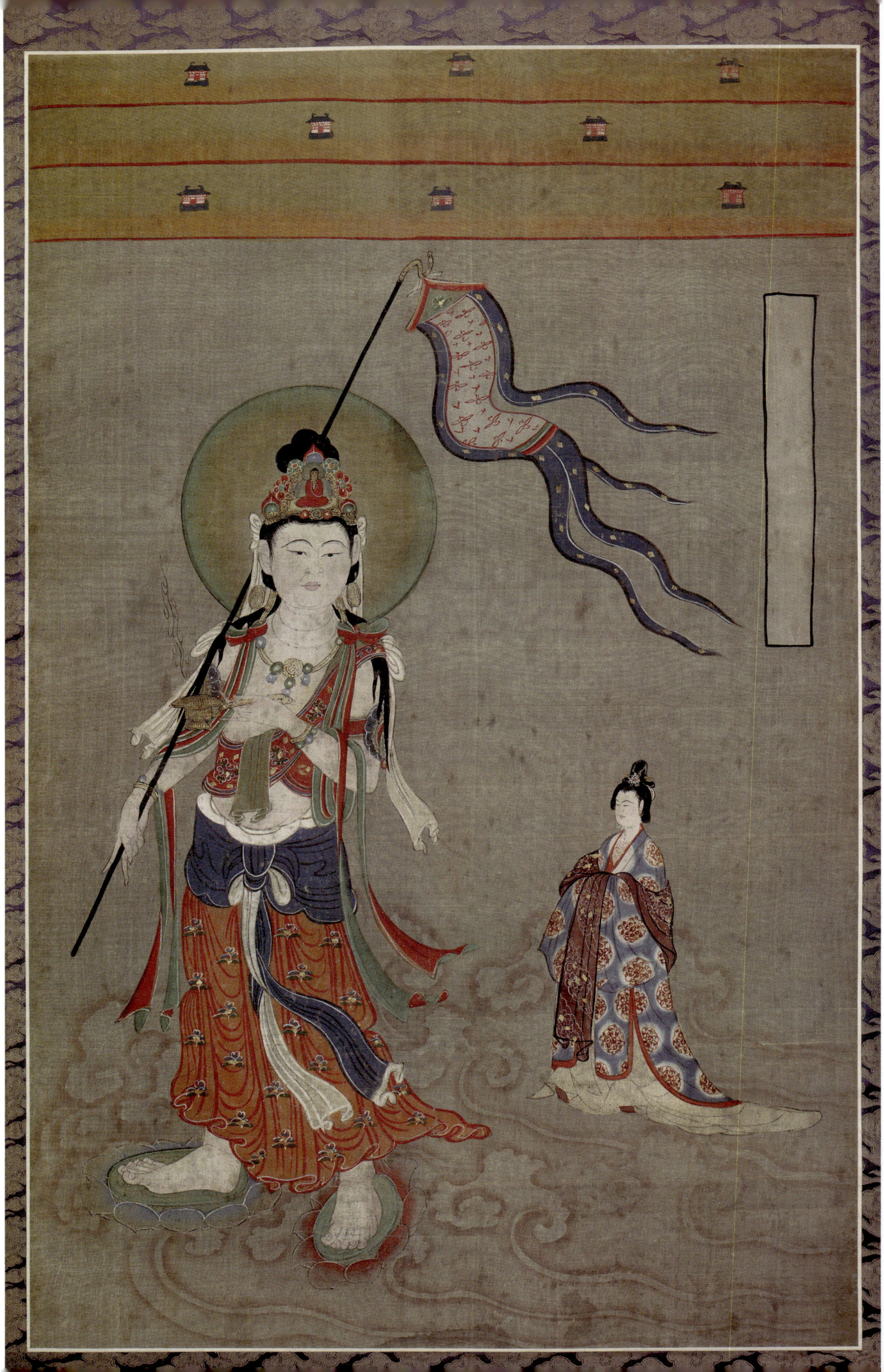

镂空钱
Openwork Charms

引路菩萨。敦煌绢绘。
唐代。大英图书馆藏。
Avalokitesvara as a Guide of Souls .
Tang period. © British Library Board.

镂空钱是花钱中一个独特的品类，它们钱体通透，看上去和普通花钱的形态颇为不同，铸造精致，形制典雅，图饰主题包括龙、凤、鱼、麟、鹿、花草、鸟禽、狮、兔、人物及楼台。其中龙、凤和鱼比较常见，而人物镂空则不易见到。从形制来说，它们一般为圆孔圆钱，方孔镂空都比较稀少，见到不要错过。此外，厚重者也颇为难得。

国内花钱集藏受钱币集藏的影响，对镂空钱重视不够。唯辽大出版的《中国古代压胜钱谱》对此评价甚高。北京的刘春声先生写了一本镂空钱的专著，书名《中国古代镂空花钱鉴赏》，出版于二〇〇五年，所录甚丰，共有钱图244帧，堪称中国镂空第一书，实为镂空钱研究与收藏的一大幸事。

国外对镂空钱的探讨起步颇早。英人拉姆斯登（H. A. Ramsden）早在一九一一年于日本出版了一本专著，《中国镂空厌胜钱》，收录各式品种203枚。另外，美籍收藏家古师聂（I. S. Coushnir）上世纪初在中国上海，与当时的钱币大家如张炯伯等交往甚密。他四十年代回美后写了一本镂空专著，但未及出版。我藏有此书的手稿、钱品照片以及他本人藏品的大部。这部分藏品据说包括有战前南京博物馆的集藏（也称为哈里斯/阿克斯集藏），以及克里夫·赫尔曼的集藏（The Clifford Helman Collection），也包括了曼德尔集藏的一部分（Edgar Mandel）。曼德尔本人也是一位著名花钱藏家和学者，他著有《东亚金属花钱》一书，此书的其他两位作者为大英博物馆钱币部主管克里伯（Joe Cribb）先生和英国埃克塞特大学的特尔克（Frank Turk）教授。此书收录镂空约75枚，但拓自实物的不多。我所收藏的这四部分镂空，加上在中国、英国、法国、美国、新加坡等地的零星收获，共有200种左右，而此章所收列，仅38种。

这类钱以传世品为多，晶莹无锈，

Openwork charms are a unique category among Chinese charms. They are immensely beautiful, commanding a high degree of casting workmanship. Major themes include dragons, phoenixes, fish, unicorns, floral designs and human figures.

Affected by the view of traditional numismatists, openwork charms did not receive proper attention in China until only recently. Mr Liu Chunsheng of Beijing published a book on these objects, entitled *Chinese Openwork Charms*, which is indeed something to be happy about amongst collectors and researchers in the field. Outside China, openwork charms have always commanded good attention. In 1911, H.A. Ramsden published his *Chinese Openwork Amulet Coins* in Japan. An American collector, I.S. Coushnir, was in Shanghai in the early 1930s and befriended well known numismatists such as Zhang Jiongbo. Upon returning to the US in the 1940s, he also wrote a book on openwork charms but did not manage to publish it. The typescript is now in my collection and I have a good part of his collection.

Openwork charms we now come across are largely handed down through generations. Often highly polished with lustre, it is difficult to date them. Dating is a problem with Chinese charms in general anyway and must be tackled from a variety of different angles such as material, patination, style of characters, calligraphy and decorative designs. More necessarily, these objects should be viewed and considered from cultural, artistic and religious perspectives. For example, the double lion coin (No. 263) in this chapter has such wonderful glare to it that it is difficult to classify this piece along with the generally coarser charms from the Ming. Indeed, compared with the hand-drawn lion from the Tang dynasty, this piece fits more naturally in that period in history. These objects are now commonly dated to the Yuan or Ming. In my view, they should be dated earlier than that. Double dragon charms, as an example, are reported to have been excavated from Han tombs. Archaeological excavations will ultimately provide authoritative evidence for dating but again excavated pieces are rare and do not yet form a

因此断代困难。花钱的一个主要难题是断代，这是个多方面、多层次的问题。不光要从钱的铜质、包浆、文字、书法、纹饰等方面看，更还要从文化、民俗、艺术、宗教的角度来印证。比如，此章所列的传世镂空双狮（No263），其精湛的铸造工艺，流云走水的线条，绝非明工所能企及。正如368页所录的唐代狮子图所表现的，这枚钱可以很自然地归入唐代铸品之列。所以，我认为镂空钱应是补唐代花钱之空白的品种。目前对镂空钱的断代普遍偏后，定于元明。我以为有相当一部分是唐宋铸，甚至更早，如某些双龙钱汉墓即有出土。花钱的断代可能确实要数出土最权威，但至今来看，量不是很大，种类不是很多。这种情况的原因比较复杂，留待日后详细探讨。凤鸟花卉等品多归入宋，但亦有可能为唐。在元代，花钱铸量不可能很大，习惯上将大量镂空归于元是令人难以理解的一个问题。

元代短，直至明初的一百五十年间战火不断，此期花钱量比三百年的宋和三百年的唐要多，于情于理皆难成立。不少花钱的年代很有可能比已知的要早。比如说，十二生肖在隋唐甚为流行，唐墓时出生肖偶，隋唐镜上亦多有反映，但无人提出生肖花钱为唐物，也是不合情理之处。龙凤瑞兽多为唐宋盛世题材，但同一题材的镂空钱却多归于战乱的元明，也是令人费解之处。

的确，镂空钱在南宋的洪遵《泉志》中未曾提及。我认为主要是因为洪氏以方孔行用钱为对象，而圆孔之镂空钱未得选入。又镂空钱为佩带用，洪氏以为饰品而非钱，所以方孔镂空亦未收选。事实上，直到今天，不少钱币学家还时认为镂空钱不应归入钱的范畴，而更应该是装饰品（Joe Cribb，个人信函）。从这点来看，镂空钱处于花钱的外围，但无疑为花钱的一大门类。

reliable system. Impressionistically, charms with avian or floral themes can be dated to Song or even earlier.

The Yuan dynasty lasted a relatively short period and was famously racked by social instability. It is thus hard to accept that such a period should have produced a larger number of openwork charms than the much more prosperous Song or Ming. Moreover, these two dynasties lasted twice as long in terms of time.

In this argument, it is reasonable to believe that charms from the Tang dynasty may have been overlooked and wrongly regarded as the Song or even Ming pieces. Zodiacal signs, for example, were very popular in Tang, as evidenced by documented records and excavated objects as well as bronze mirrors from the period. However, very few collectors or researchers in charms would argue that charms of similar designs should also be attributed to the Tang period.

It is true that openwork charms are not mentioned in *Quan Zhi* (*A Record of Coins*), which was written during the Southern Song period. One explanation is that the author, Hong Zun, did not regard openwork charms as coins, for two possible reasons: first, proper coins should have square central holes while openwork charms have round ones; second, openwork pieces were generally used as decorative objects and were therefore not coins in his eyes. Even today, many numismatists still do not regard these objects as coins (Joe Cribb, personal communication).

No 241.
宋 Song period
径 Diameter: 63mm

Double chasing dragons

双龙

No 242.
五代 Five Dynasties period
径 Diameter: 50mm

Double chasing dragons

双龙

No 243.
宋 Song period
径 Diameter: 58mm

Double facing dragons

双龙

No 244.
金 Jin period
径 Diameter: 50mm

Double chasing dragons

双龙

No 245.
宋 Song period
径 Diameter: 66mm

Double facing dragons

双龙

镂空龙钱种类繁多，或单或双，或峙或逐；常饰以花草、祥云或宝珠，变化层出。钱穿有方圆，缘轮有单双；铜质与铸工亦多有不同。此系列各朝皆有铸制，以元明为多，宋清铸品少见，魏唐品则稀若凤麟矣。

No 246.
元 Yuan period
径 Diameter: 62mm

Double chasing dragons

双龙

上为一传世品，径62毫米，双龙相逐，间以祥云。细观之，二龙口衔宝珠，头颈须角各异，云纹生动。是钱圆穿，内外双轮，一凸一凹，相得益彰。此品浆色青暗，遍体渗有细小银色斑点。

No 247.
辽 Liao period
径 Diameter: 52mm

Double facing dragons

双龙

No 248.
宋 Song period
径 Diameter: 62mm

Two phoenixes

双凤

宋徽宗曾作《瑞鹤图》。画上的题跋说："政和壬辰，上元之次夕。忽有祥云拂尘，低映端门。众皆仰面视之。倏有群鹤飞鸣于空中。仍有二鹤，对止于鸱尾之端，颇甚闲适。余皆翱翔，如应奏节。往来都民，无不稽首瞻望。欢异久之，经时不散。逶迤归飞，西北隅散。感兹祥瑞。故作诗，以记其实。"

面
Obverse

No 249.
唐 Tang period
径 Diameter: 52mm
厚 Depth: 4mm

Single dragon

单龙

背
Reverse

Single dragon

单龙

No 250.
唐 Tang period
径 Diameter: 50mm

Double birds

双雀

No 251.
唐 Tang period
径 Diameter: 45mm

Double birds

双雀

No 252.
金 Jin period
径 Diameter: 54mm

Dragon and phoenix

龙凤

No 253.
金 Jin period
径 Diameter: 65mm

Unicorn and phoenix

凤与麒麟

No 254.
金 Jin period
径 Diameter: 49mm

Double fish

双鱼

No 255.
辽 Liao period
径 Diameter: 46mm

Double fish

双鱼

No 256.
元 Yuan period
径 Diameter: 43mm

Double fish

双鱼

No 257.
元 Yuan period
径 Diameter: 44mm

Double fish

双鱼

No 258.
辽 Liao period
径 Diameter: 38mm

Double Makaras

双摩竭

No 259.
辽 Liao period
径 Diameter: 35mm

Double fish

双鱼

No 260.
宋 Song period
径 Diameter: 58mm

Double dragons and double fish

双龙、双鱼

No 261.
宋 Song period
径 Diameter: 54mm

Four dragons

四龙

Sketch of a lion. Tang dynasty, late 9th century A.D. Ink on paper. H.29.8 cm, W.42.8 cm.

狮子图。唐代，公元九世纪晚期。纸本墨画。高29.8厘米，宽42.8厘米。大英图书馆藏。

这是敦煌发现的以动物为题材的绘画中给人印象最深刻的作品之一。强有力的构图风格令人感到震撼，惊叹画家艺术水平的高超。

此图的线描是有节奏的粗短线，看不到笔尖分开的痕迹，所以有可能不是用毛笔绘制的。从长卷毛来看，比如说头上的鬃毛，线条都是由二条或者更多的半圆形弧线组成。大多数的笔触是以点状结束的，而且有的线条在中途连接时，会从粗线突然变成细线，或者相反。

同样的笔法还见于伯希和（Pelliot）所收集的一幅马图（参照P.2951《伯希和敦煌绘画》图52），饶宗颐教授把它称为“简笔”。这样的笔法也曾在幡画项（参照第1卷图56–58解说）中讨论到。那些作品中断断续续的短线，与分明是只用毛笔才能画出的流畅的长线组合使用，短的线描显然是使用了某种硬笔画的，还加了用毛笔表现的晕染。硬笔可能是用木头或芦苇制作的，但根据至今发掘的遗物来看，这种硬笔主要是用于书写非汉字的规整文字，而不是用于此处笔意舒展的绘画。但在幡画中，硬笔确实是与毛笔有意识地结合，使用在像本狮子图一样的白描画中，以此产生栩栩如生的艺术效果。

译自：Roderick Whitfield (ed.). *The Art of Central Asia: The Stein Collection in the British Museum* (Volume 2). First edition. Tokyo: Kodansha International in co-operation with the Trustees of the British Museum, 1985.

No 262.
唐 Tang period
径 Diameter: 44mm

Two chasing lions with a gold coin

双狮戏钱

此钱的狮子神形与左页的敦煌唐代狮子图如出一辙，故将其断为唐代。

The posture of the lions on this coin resembles that of the sketch of a lion found in Dunhuang, now in the collection of the British Meseum. This piece is thus dated to the Tang period.

No 263.
宋 Song period
径 Diameter: 56mm

Floral designs

花草

No 264.
宋 Song period
径 Diameter: 47mm

Floral designs

花草

No 265.
宋 Song period
径 Diameter: 53mm

Floral designs

花草

No 266.
唐 Tang period
径 Diameter: 25mm

Floral designs

花草

No 267.
金 Jin period
径 Diameter: 49mm

Floral designs

花草

No 268.
宋 Song period
径 Diameter: 52mm

Flora designs

花草

No 269.
宋 Song period
径 Diameter: 62mm

Floral design

宝相花

此钱镂空，铸花四朵，皆五出，间以四叶，并以缠枝。传世品多为深褐色。愚以为，宝相缠枝花草唐宋时多为之。此钱翻铸甚多，但应初铸于宋金或更早。《钦定钱录》言为撒帐用，误。镂空非为撒帐所用，应为古时佩饰。

愚意此钱所铸乃海棠花。陈思海棠谱序云："梅花占于春前，牡丹殿于春后，骚人墨客注意焉。独海棠一种，丰姿艳质，固不在二花之下。"

No 270.
唐 Tang period
径 Diameter: 30mm

A deer amidst flowers
(Prosperity and glory all the way)

一路荣华
（鹿谐音“路”）

No 271.
宋 Song period
径 Diameter: 55mm

Jia Guan Jin Lu
(Promotion and increased salary)

加官进禄

Jin Yu Man Tang
(A hall full of gold and jade)

金玉满堂

Tian Xia Tai Ping
(Peace under heaven)

天下太平

Chang Ming Fu Gui
(Longevity, wealth and honour)

长命富贵

No 272.
宋 Song period
径 Diameter: 52mm

Woman and fish

妇人与鱼

No 273.
宋 Song period
径 Diameter: 53mm

Man and woman in moonshine and amidst flowers

花前月下

No 274.
宋 Song period
径 Diameter: 68mm

Human figures in pavilions

楼阁人物

左右均为传世镂空，方穿，面背皆同。穿上有一重檐楼台，内端坐一人，作抚琴状；穿左右单檐阁台各一，内各侧坐一人，作聆听状；穿下有二人对坐，间以桌台，作对弈状。楼阁之间，曲径通幽，石山累累，果树丛丛。穿下沿外缘穿有七孔。

此钱旧谱多载之。查翁氏《古泉汇考》，“培按，此钱空镂，为楼台人物之象。径二寸，好径二分强，面背郭三重。内府所收不甚圆，一面甚匾，一面左下稍缺，无郭。上作层阁，中一人端坐床上，阁之两旁有荷花松树相映；下为曲栏、花草、山石，有二人相向；左右各一室，内各一人：在左者向右，在右者向左。其一面同。一种径寸九分，方好，遍地作罗纹。此钱所见几数枚。市上曾见小镜，背如台阁钱，状色甚古。”

No 275.
宋 Song period
径 Diameter: 48mm

Human figures in pavilions

楼阁人物

如翁氏所言，此式楼台抚琴图亦见于铜镜。坊间镜谱有载一辽镜，背乃一人抚琴于亭阁中，亭外点缀花草、云纹和飞鸟。此图金镜上亦有之，但多为四亭抚琴式，间以云纹或人兽。最奇者，乃一金代故事镜，圆形，径65毫米，无钮，上有挂耳，其构图甚为近似。据《历代铜镜纹饰》第281页，"镜背中部浮雕二层四阿式楼阁，两侧有边厢，屋内均有人物。上部正中饰一弯新月，左侧云端有一仙人和二侍，右侧云上有一人牵牛，前立一童。左右两组人物相对，作对话状。镜下部有人物三组，中间一排四人姿态各异，似在演奏，右侧占立一人似在观看，另一人胸前挎鼓，作张臂双手击鼓状。左侧占立一人，另一人弹奏乐器。外围一周连珠纹。从画面内容来看，天上似为牛郎织女故事，下面似人间在举行庆典，有伎乐表演和亭阁人物。"除此钱内容有待确定之外，此钱之断代亦甚为不易。铜镜之断代已日臻可靠成熟，但上述所提之辽镜非出土，而金镜之官检花押亦不能说明其为金时所铸。故难有断代定论。但此钱辽时已有，应为各家肯首之公论矣。

面
Obverse

No 276.
宋 Song period
高 Height: 56mm

Crane, tortoise, immortal and deer

鹤、龟、仙人、鹿

背
Reverse

Crane, tortoise, immortal and deer

鹤、龟、仙人、鹿

参考文献
Bibliography

《抱朴子》
《北帝七元紫庭延生秘诀》
《北史》
《伯希和敦煌绘画》
《册府元龟》
《朝野杂记》
《臣工之什》
《诚斋集》
《重修宣和博古图》
《褚河南圣教序》
《春秋说题辞》
《辞海》
《大和州益田池碑铭》
《大钱图录》
《大随求陀罗尼神咒经》
《道德经》
《东京梦华录》
《东亚金属花钱》
《洞冥记》
《洞元经》
《法华经》
《樊榭山房集》
《风土记》
《古代吉祥钱图像赏析》
《古钱》
《古钱大辞典》
《古钱鉴定小谈》
《古泉汇》
《古泉汇考》
《故宫清钱谱》
《关尹子》
《广川书跋》
《国器杭州图经》
《海录碎事》
《翰苑群书》
《和子由踏青》
《红楼梦》
《后汉书》
《花舞大唐春》
《淮安府志》
《淮南子》
《皇朝文献通考》
《吉金所见录》
《祭本命元神》
《冀州记》
《建炎杂记》
《降神高安》
《金牛铭》
《晋书》
《经济录》
《旧唐书》
《旧五代史》
《眷皇明之曲》
《老子变化经》
《乐府诗集》
《礼记》
《礼说》
《历代符牌图录》
《历代符牌图录后编》
《历代铜镜纹饰》
《辽千秋万岁钱续考》
《玲珑剔透镂空钱》
《鲁相韩敕造孔庙礼器碑》
《洛书》
《毛诗草木鸟兽虫鱼疏》
《毛诗注疏》
《梦粱录》
《民俗钱币鉴赏》
《名义考·物部》
《明宫史》
《明清实录》
《明史》
《南唐书》
《佩文韵府》
《前赤壁赋》
《乾淳岁时记》
《钱币考》
《钱神论》
《钱通》
《钱志》
《钱志新论》
《钦定钱录》
《清稗类钞》
《清惠集》
《全唐诗》
《泉币汇考》
《泉志》
《群书考索后集》
《尚书考灵曜》
《升庵集》
《十国春秋》
《诗经》
《诗疏》
《诗传名物集览》
《诗传遗说》
《世说新语》
《收藏》
《书画汇考》
《双槐岁抄》
《水经注》
《司马承祯含象鉴文》
《四库全书》
《宋史》
《宋书》
《岁时广记》
《太平寰宇记》
《太平清话》
《图志》
《万寿盛典》
《万寿盛典图绘门》
《魏书》
《文献通考》
《五代诗话》
《五礼通考》
《夕牲歌》
《夕月》
《小雅》
《新唐书》
《续齐谐记》
《续文献通考》
《宣和博古圖》
《宣和画谱》
《饮食好尚》
《厌胜钱的断代问题》
《楹联丛话》
《咏万历雕漆太平盒》
《御定骈字类编》
《御定渊鉴类函》
《元明事类钞》
《月令》
《月令辑要》
《云笈七籤》
《云麓漫钞》
《云中君》
《杂宝藏经》
《增史记龟策传》
《浙江通志·钱法》
《中国古代镂空花钱鉴赏》
《中国古代压胜钱谱》
《中国古钱大集》
《中国古钱讲话》
《中国古钱名珍谱》
《中国及其邻国花钱》
《中国历代压胜钱》
《中国镂空厌胜钱》
《中国压胜钱谱》
《中亚美术》
《中越花钱》
《周礼正义序》

索引
Index

A

B

C

D

E

F

G

H

J

K

L

M

N

O

P

Q

R

S

T

W

X

Y

Z

中国历史纪年简表
Chronology of Chinese Dynasties and Periods

- Xia Dynasty: c. 2050 – c. 1550 B.C.
- Shang Dynasty: c. 1600 – c. 1050 B.C.
- Zhou Dynasty: c. 1050 – 256 B.C.
  - Western Zhou: c. 1050 – 771 B.C.
  - Eastern Zhou: c. 770 – 256 B.C.
    - Spring and Autumn period: 770 – 476 B.C.
    - Warring States period: 475 – 221 B.C.
- Qin Dynasty: 221 – 207 B.C.
- Han Dynasty: 206 B.C. – A.D. 220
  - Western Han: 206 B.C. – A.D. 8
  - Xin (Wang Mang): 9 – 23
  - Eastern Han: 25 – 220
- Three Kingdoms: 220 – 280
  - Wei kingdom: 220 – 265
  - Shu kingdom: 221 – 263
  - Wu kingdom: 222 – 280
- Jin Dynasty: 265 – 420
  - Western Jin: 265 – 316
  - Eastern Jin: 317 – 420
- Northern and Southern Dynasties: 386 – 589
  - Northern Dynasties: 386 – 581
  - Southern Dynasties: 420 – 589
- Sui Dynasty: 581 – 618
- Tang Dynasty: 618 – 906
- Five Dynasties and Ten Kingdoms: 907 – 960
- Liao Dynasty: 916 – 1125
- Song Dynasty: 960 – 1279
  - Northern Song: 960 – 1126
  - Southern Song: 1127 – 1279
- Jin Dynasty: 1115 – 1234
- Yuan Dynasty: 1260 – 1368
- Ming Dynasty: 1368 – 1644
- Qing Dynasty: 1644 – 1911
  - Shunzhi: 1644 – 1661
  - Kangxi: 1662 – 1722
  - Yongzheng: 1723 – 1735
  - Qianlong: 1736 – 1795
  - Jiaqing: 1796 – 1820
  - Daoguang : 1821 – 1850
  - Xianfeng: 1851 – 1861
  - Tongzhi: 1862 – 1874
  - Guangxu: 1875 – 1908
  - Xuantong: 1909 – 1911

- 夏：约前2050 – 约前1550
- 商：约前1600 – 约前1050
- 周：约前1050 – 前256
  - 西周：约前1050 – 前771
  - 东周：约前770 – 前256
    - 春秋：前770 – 前476
    - 战国：前475 – 前221
- 秦：前221 – 前207
- 汉：前206 – 公元220
  - 西汉：前206 – 公元8
  - 新（王莽）：9 – 23
  - 东汉：25 – 220
- 三国：220 – 280
  - 魏：220 – 265
  - 蜀：221 – 263
  - 吴：222 – 280
- 晋：265 – 420
  - 西晋：265 – 316
  - 东晋：317 – 420
- 南北朝：386 – 589
  - 北朝：386 – 581
  - 南朝：420 – 589
- 隋：581 – 618
- 唐：618 – 906
- 五代十国：907 – 960
- 辽：916 – 1125
- 宋：960 – 1279
  - 北宋：960 – 1126
  - 南宋：1127 – 1279
- 金：1115 – 1234
- 元：1260 – 1368
- 明：1368 – 1644
- 清：1644 – 1911
  - 顺治：1644 – 1661
  - 康熙：1662 – 1722
  - 雍正：1723 – 1735
  - 乾隆：1736 – 1795
  - 嘉庆：1796 – 1820
  - 道光：1821 – 1850
  - 咸丰：1851 – 1861
  - 同治：1862 – 1874
  - 光绪：1875 – 1908
  - 宣统：1909 – 1911